現代の3本の矢力

10倍up《アップ》の極意

はじめに

コロナ禍の影響で、企業の半数が淘汰されるという「大激変」の時代に突入しました。本書では、大激動ではなく、あえて「大激変」ということにしました。なぜなら、世の中は大きく動くというより、大きく変化しているといった方がぴたっと合っている感じがするからです。

大多数の人は大きな変化を感じていると思います。そして、この「大激変」の時代をどのように生きていったらよいのか不安に思っている人も多数いることでしょう。本書は、そんな不安を解消し、「大激変」の時代を生き抜くための指針となる実戦書です。

私が社会人になってから50年になります。その間、円が固定相場制から変動相場制へ移行、第1次、第2次石油危機、田中角栄内閣の日本列島改造論ブームおよびその終焉、プラザ合意に始まる超円高、バブルの崩壊、リーマンショック、阪神・淡路大震災と東日本大震災というふたつの巨大大地震、そして今回のコロナショック等、実に多くの大激変を経験してきました。

その経験をこの一冊にまとめ、「大激変」の時代をどのように生き抜いていったらいいかを書き下ろしました。

「大激変」の時代では、これまでの価値観を一度白紙に戻し、素直に現状を受け止め、今後の生き方を真剣に考えていくことが最重要といえます。

そのために「思考力」が重要となります。私たち日本人は偏差値優先の○×教育を受けてきました。ですから、深く考える習慣がありません。

次に重要なのは「人間力」です。戦後、ＧＨＱ（連合国軍最高司令官総司令部）は１９４５（昭和20）～52（昭和27）年の約７年間の占領期間に、戦前の日本人の価値観を徹底的に破壊し、主に３つの洗脳を行ってきました。

１つ目は、国防意識をなくすための国防の否定。２つ目は、財閥を解体し経済力を弱め、二度と米国に刃向かえない国にしたこと。３つ目は宗教を軽視し、日本人の精神的主柱を壊したことです。この洗脳から未だ多くの日本人が解き放たれていません。その弊害として、金さえ儲かれば良いという拝金主義が横行し、政財官の利権構造が確立され、国民にとって大きな弊害となっています。「人間力」形成に大きな悪影響を与えています。

そして現在、時代は確実に人生100年時代へと向かっています。多くの日本人はそのことに気づいていますが、何も対策を打とうとしないので、寝たきりや認知症の高齢者が激増しています。後期高齢者の寝たきり期間は、男性で約10年、女性で15年といわれています。そして、最期は誰にも看取られずに死んでいく、孤独死が大きな社会問題となっています。したがって、人生100年時代では、健康かつ元気に生き、最期はぴんぴんころりで大往生できる「健康力」が大切です。

私は右記3つ、すなわち「思考力」、「人間力」、「健康力」を「現代を生き抜く3本の矢力」と命名しました。

私は、これまでの自身の経験を活かし、昨年1月から「10倍アップの極意」シリーズの執筆に従事してきました。

『Bob Sugayaのあなたの英語力 10倍アップの極意』
『あなたの人脈力 10倍アップの極意』
『あなたのコミュニケーション力 10倍アップの極意』
『あなたの営業力、伝える力 10倍アップの極意』

『あなたの仕事力・生産性　10倍アップの極意』

以上5冊を出版しました。

今回はその6作目として「現代の3本の矢力　10倍アップの極意」として上梓することにしました。

「現代の3本の矢力」は私の造語です。戦国武将毛利元就の「3本の矢」をヒントにしています。毛利元就は3人の息子の前で、1本の矢は簡単に折ることができる。しかし、3本の矢を一緒に束ねて折ることはできない。だから三兄弟一致団結して戦国の世を乗り切れと説教をしました。

同様に「現代の3本の矢力」も「思考力・人間力・健康力」の3つを強化することで相乗効果を発揮します。そして、「大激変」の時代を生き抜く力となります。

これまでの「10倍アップの極意」シリーズは単独の10倍アップです。しかし、今回は3本の矢です。「思考力・人間力・健康力」の3つを2倍にするだけで8倍になります。各能力を2倍ちょっとアップさせるだけで10倍になります。本書から学び、意識して実践することで、各能力は2倍強になります。是非、お試しください。その結果、自己成長につながり、喜びや幸福感を覚えるようになります。「思考力・

人間力・健康力」は非常に奥の深いテーマです。さらに深く掘り下げて読者ニーズを勘案しながら、後日また別途電子出版する予定です。

本書は、「現代の3本の矢力」の相乗効果をいかに発揮し10倍アップまで引き上げていくのかを、自身の経験を基軸に論じます。コロナ禍の「大激変」の時代に、人生に不安を持ち、どのように生きるべきか模索している方を読者として想定しました。どのような人生を歩んだらいいか悩んでいる人、人生の壁にぶち当たっている人、会社の方針に疑問を感じている人、より充実した人生を歩みたいと思っている人が対象です。本書が、多くの方にとって、厳しい時代を生き抜くための指針となり、勇気と希望を与える一書となれば、著者としては望外の喜びです。

令和3年11月吉日

富、無限大コンサルタント
最勝の経営参謀役
萱谷信雄

目次

第2章
「人間力」10倍アップの極意
大激変の時代を生き抜く2つ目のパワー

第3章

「健康力」10倍アップの極意

大激変の時代を生き抜く3つ目のパワー

第4章
渋沢栄一の『論語と算盤』に学ぶ
「現代を生き抜く3本の矢力」

第1章

「思考力」10倍アップの極意

大激変の時代を生き抜く1つ目のパワー

1 終着駅の決まっている電車に乗車する時代は終わった

《1》終身雇用制度の崩壊

高度成長の時代はとっくの昔に終わり、政府の無策と失敗で、平成時代以降ゼロ成長が続いていています。１９８９（平成元）年、株価の世界時価総額ランキングで、日本企業はＮＴＴを筆頭にベスト10社中7社。しかし、その30年後ではトヨタ自動車の42位が最高というお粗末ぶりでした。日本のＧＤＰはわずか１・５倍。対して、米国が４・５倍、かつて英国病といわれた英国でさえ４・１倍の成長ぶりでした。

日本社会の終身雇用制度は、高度成長時代に生まれた制度です。この制度はゼロ成長の時代では成り立たないことを、雇用される側も認識する必要があります。

２０１９年に、トヨタ自動車の豊田章男社長が「終身雇用制度は終わった」と公言しました。これに呼応するように経団連中西前会長（２０２１年死去）も同調しました。現在大企業では、中高年社員が給料分働かないことが大きな経営問題になっているようです。終身雇用制度の崩壊とともに、日本の雇用制度と給与体系も変化していくことが予測されます。

これまで日本では、一流大学を出て一流企業に就職して、終身雇用制度の下、定年まで大過なく正社員として働くという価値観で人生を送ってきました。これは、乗り物に例えるなら電車の時代でした。つまり、始発駅、すなわち新入社員として就職することで乗車し、終着駅、すなわち定年で降車するという時代。しかしながら、そうした時代は確実に終わりを告げつつあります。

これからの時代は車の時代です。始発駅もなければ終着駅もありません。自分の意思で自ら車を運転し、目的地も自分で決める時代に移行しつつあります。

《2》新しい価値観で生きる

これからの価値観のキーワードのひとつは多様性です。

定年退職して、いざ新しい就職先を見つけようとするとき、これまで自分が勤めてきた会社の価値観と異なり、違和感を覚える人が多いようです。

求められるのは、様々な価値観に対応できる柔軟性と素直さです。これがない人材は、一流大学を卒業し一流企業に勤めていても、新しい職場に順応するのは困難でしょう。大企業勤務者で老後の暮らしに心配がなくても、新しい社会に溶け込めない人が多いようです。会社人間で生きてくると、当時の肩書を外せず、上から目線の態度や発言になり、周囲から疎んじられる人も少なくないようです。解決策として、現役時代から異業種交流会などに参加するのもひとつの手段です。

１９８７年5月、私はカナダから帰国しました。それまでは鉄鋼部門に在籍していました。同部門は、取引先と狭く深いつきあいをする義理人情の世界でした。しかし、新しくできる情報産業部門への異動が決まっていたので、社外の人脈をつくる大切さを感じ、自ら異業種交流会を求め積極的に参加しました。50以上の交流会に参加し、自身も10以上の交流会を主催しました。交流会に参加することで、異なる価値観に接することができ、考え方が柔軟になりました。もし、参加していなかったら、三井物産を早期退職せず、定年まで勤めていたかも知れません。人脈作りに関する詳細は、拙著『あなたの人脈力10倍アップの極意』をご覧ください。

2　自分の未来は自分で創る

《1》波瀾万丈の子供時代

①母が5歳で病死、父は翌年に家出

私は菅谷家の長男として、１９４９（昭和24）年5月26日、目黒区祐天寺に生まれました。父の家業は瀬戸物の卸問屋でした。しかし株で騙され、倒産してしまいました。一家は、母の実家がある調布市に引っ越しました。当時、父は倒産のショックで仕事をする気がなくなり、毎日競輪新聞を読んで、競輪に夢中でした。その間、家計は火の車。母は金策に走り回り質屋に反物を入れたりして、何とか生活を維持していましたが、過労で倒れました。そして、１月31日に30歳の誕生日を迎えたものの、その翌月2月15日に帰らぬ人となりまし

た。そして、その翌年、父は1歳年下の妹と私を置いて家出をしてしまいました。置き去りにされた私たち二人は、幸い祖母に引き取られ育てられることになります。祖母が私の母親代わりでした。実家の長男夫婦には子供がいなかったため、私は将来自転車屋の跡取りとなるべく育てられ、商家ですから学問など不要という風潮でした。当時の調布は田園風景豊かで、私は自然と戯れながら伸び伸びと奔放な少年時代を送りました。

左記の歌「おもかげ」は母の15回目の命日、私が20歳のときに母を偲んで作詞・作曲しました。「おもかげ」母は聡明で美しい人でした。優しくもあり厳しい人でした。そして、私の理想の女性像は母と重なります。

「おもかげ」（昭和45年2月15日　母の15回目の命日に作詞・作曲）

1．赤く燃える夕焼けの海に　白く小さな雲が一つ
その中にきっと安らかに眠る　遠い昔の母の影
優しいあなたの面影ばかり

浮かぶ空の果て
今はもういない　遠い国の人（以下、2番、3番繰り返し）
2．赤とんぼの飛んだ夕暮れは　遊び疲れて帰る頃
顔も手も足も　汚れたままで　帰る家には　母の声
3．サザンカの花の咲く頃は　冷たい霜の　降りる頃
花びら集めて　手のひらに乗せた　　薄桃色の母の花

②高校受験失敗

中学1年生の暮れ、伯父が日通の荷物配達（今でいうペリカン便）の仕事を始めました。荷物を1個配達すると25円になるので、私は荷物配達のアルバイトを始めました。アルバイト代は月１０００〜５０００円程度、暮れと3月は3万円程度でした。物価が一桁安い時代でしたから結構な収入です。私は１０００円を自分の小遣いにし、残りは祖母に渡しました。

中学3年生のとき（１９６４年）にビートルズが日本で大ブームになりました。アルバイトで稼いだお金で毎月ビートルズのレコード（シングル盤）を買

うのが楽しみでした。そして、アルバイトから帰ると毎日ビートルズの歌を聴きました。当時一番聴いた歌は“I Saw Her Standing There”でした。

なお、学問不要という商家で育ったため、ほとんど受験勉強はしませんでした。そのせいか高校受験は不合格でした。

Coffee Break

―国語の教師が土下座して謝る―

調布中学3年生のとき、2学期の中間試験・期末試験はともに国語は96点を取りました。当然通信簿は「5」と思っていたところ「4」でした。私は理由をF先生に聞きました。F先生は、「A子が中間試験で100点を取った。期末は70点だったが100点というのは上限がない。君の96点の2回より価値がある」と詭弁を弄しました。私は断固抗議しましたが受け入れられません。私にとって小学校以来通信簿で初めて「4」となる屈辱でもありました。私は当時三多摩地区で最難関だった都立立川高校を受験しましたが不合格。国語の内申書が効いたようです。

この知らせを受けF先生は、「君は立川高校に絶対受かると思っていた。だから君の分をA子に回したんだ。誠に申し訳ない」と、涙ながらに土下座して謝罪しました。私は立川高校に落ちて、都立神代高校の編入試験を受けることにしました。編入試験と3学期の国語の期末試験が重なっていたのですが、F先生に了解を得て受けませんでした。それでも、私の国語の通信簿は「5」に戻っていました。

《2》高校2年生で「世界を股にかけるビジネスマンになる！」と決意

私は小林家の養子となって、跡を継ぐことになっていました。しかし、高校2年生の夏、10年ぶりに突然父親が家出から戻ってきました。再会した父は、着の身着のままの見すぼらしい格好でした。そこで祖母が「これからどうするの？」と私に聞いたので、「血がつながっているから一緒に住むしかないよね」と答えました。すると祖母は怒りに震え、「私ののぶおを奪った！」と叫び、父を両手で何度も殴りつけました。白い割烹着姿で激怒する祖母のその姿は今でも忘れられません。

祖母はその後、体調を崩し、翌々年、私が大学1年生の時に胃がんで76歳の生涯を終えます。二人の孫を10年間、実の子供のように育てた祖母には今でも感謝の気持ちでいっぱいです。その後、父はほぼ無一文だったため、小林家の敷地内にあった空き家で、妹と3人で住むことになります。また、貧乏生活が始まりました。

父を恨んだことは一度もありません。ただ反面教師でした。父のようにはならないと強く誓いました。そこで、人生について真剣に考え独学し、多くの書物を読み、そして「日本は資源小国なので貿易立国が国是。それなら世界を股にかけるビジネスマンになろう！」と決意しました。その夢の実現のために、将来は貿易商社に就職し、その就職のためには一橋大学商学部に進むことがベストであるという結論に至りました。

《3》一橋大学現役合格で「人生に勝利する方程式」の原型ができる

①期限付きの目標を立てる

大学に行くために、受験時期までの受験戦略と戦術を立てました。家が貧乏なため浪人はできません。もちろん予備校に通うお金もありません。参考書も満足に買うお金がなかったので、英語は『Sentence Pattern Drill』という一冊の薄い練習帳を使い、その文章を徹底的に覚えました。数学は二冊参考書を購入し、何度も何度も繰り返し勉強しました。

②一橋大学の受験科目は英数国の３科目

英語と数学が得意な私でしたが、現代国語は苦手でした。そこで、現代国語で評判の良かった横田先生に協力をお願いし、毎日職員室を訪ねました。また、朝日新聞の社説と天声人語を徹底的に読み込みました。国語の担任でもない私の面倒を見ていただいた横田先生には今でも感謝しています。

③国公立一流私大用専門クラスをつくる

都立神代高校は一応進学校でしたが、高校３年になると皆青春をエンジョイし、受験勉強をやる雰囲気ではありませんでした。そこで、高校１年生のときから親しくしていた矢野先生（故人）に、国公立一流私大用専門クラスをつくるように要請し、矢野先生に担任を頼みました。矢野先生は私の要請を快く引き受けてくれました。その結果、その年に限り一橋大学現役合格、早慶現役合格と記録的な受験成果が出ました。矢野先生はその後、忠生高校の校長に栄転しましたが、生涯おつきあいすることとなりました。

④イメージトレーニング

高校受験のとき、1科目目が私の得意だった国語の漢字筆記テストでした。しかし、私は手が震え、うまく漢字を書けませんでした。これが他の科目にも影響し、不合格につながりました。そこで、私は精神面を鍛えるために、国立市にある一橋大学の校舎を訪ねました。本館の

時計台と兼松講堂の写真を撮り、一橋大学に合格したイメージを強く持つことにしました。今でいうイメージトレーニングです。また、だるまの片目に「必勝一橋」と筆で書きました。鉢巻きにも「必勝一橋」と書いて頭を縛り、集中できる環境をつくりました。

⑤代償の法則

私は大学受験に集中するために、ビートルズのレコード（シングル盤50枚）を全て処分しました。合格したらまた買おうと思っていました。もちろん恋愛は御法度です。また、貧乏だったため、暖房器具はありませんでした。そのため、手足の指20本全てしもやけにかかりました。さらに鼻の頭、耳たぶ、手の甲、かかともしもやけになりました。しもやけでふくれあがった指を、針を焼いて突っついて血を抜きました。一橋大学受験は、私の人生の中で一番集中して全力投球した1年半でした。その頑張りのせいで一橋大学商学部を現役合格できました。前年の倍率が４・７倍でしたが、団塊の世代ピークの私の時は、７・９倍にふくれあがり、さすがに不安でした。

このサクセスストーリーは、私の「人生に勝利する方程式」の原型となりました。

◆期限付き目標を設定して、その期間集中し、全力投球する
◆イメージトレーニングして、自分は絶対に受かると潜在意識に植え付ける
◆代償をいとわない

この3つが、私の「人生に勝利する方程式」となりました。そして、この方程式を今でも活用しており、きちんと活用できたときは皆成功しています。

3 総合商社三井物産入社で夢の実現に向け、大きな第一歩を踏み出す

《1》カナディアンロッキーの炭鉱を1山200億円で買収し、夢の実現！

三井物産では、海外駐在するためには、社内の英語の試験に合格することが必須でした。当時ＩＬＣ（International Language Center）のグレード5取得が最低条件でした。そこで私は入社後３年以内にグレード5取得を目指しました。そのために、英会話の教材セットを25万円で購入しました。初任給４万７０００円の時代でしたから、現在の貨幣価値で１００万円程度になります。会社から帰宅すると毎日15分、カセットテープを繰り返し聞きました。ここでも一橋大学受験の経験が生きていました。グレード5取得は目標の3年より1年早く取得できました。当時第一次石油ショックで石炭の需要が高まりました。そこで、石炭部が国内の鉄鋼営業で英語のできる若手営業マンを募集しており、グレード5の資格を持っていた私が注

目され、入社7年目に石炭部に異動しました。
　私は、1年前倒しで若手の憧れの石炭部研修員になることができました。カナダに6カ月間、米国に3カ月間行くことになっていました。ところがカナダ研修の最中に、長期契約が2つ成立し、現地店（カルガリー店）は猫の手も借りたいほどの超多忙になってしまいました。そこで研修員の私に目がとまり、北米研修を3カ月で打ち切り、急遽カナダ駐在に切り替わりました。私の高校2年生のときの夢「世界を股にかけるビジネスマンになる！」は実現することになったのです。29歳の時でした。

《2》私の人生を大きく変えた一大決断

①鉄鋼部門から新設の情報産業部門への異動を直訴

第1次中曽根内閣のときに、通信自由化が決定し、そのために電電公社をNTTに民営化することが決まりました。これに呼応して、三井物産でも久しぶりに新事業部門、情報産業部門を創設することが決定しました。

その頃、私は、カナダ三井物産の石炭部代表として駐在していました。当時、日本の鉄鋼メーカーは粗鋼生産量1億トンを切り、大不況となりました。私が三井物産に入社した頃は「鉄は国家なり」という時代でした。しかし、私は鉄鋼部門に将来はないと思っていました。そこで、当時のカナダ三井物産社長に、新設される情報産業部門への異動を直訴しました。もし、ノーなら三井物産を辞める覚悟でいました。

社長は「現在鉄鋼メーカーと商社間のオンラインシステムを構築中で、その部門で新たな人材を募集している。君の場合、大学時代、コンピューターの経験もあるので、2～3年システムコーディネーターとして担当した後、情報産業部門へ異動するならＯＫだよ」との回答を得ました。もちろん異存はなかったので、私は鉄鋼総括部システム統括グループに2年半在籍後、１９８６年11月末に情報産業開発部に異動しました。

三井物産では、部門を替わることは社内転職を意味します。私が情報産業部門に異動することが分かったとき、石炭部からは、「おまえを育てた石炭部を去るとはけしからん。裏切り者！」とも非難されました。もし、それらの声を気にして、鉄鋼部門から新設の情報産業部門への異動を諦めていたら、私が三井物産を早期退職することは多分なかったと思います。鉄鋼部門に在籍していたら普通の商社マンの人生を送っていたことでしょう。そして、60歳定年を迎えたとき、他の先輩諸氏同様、心身共に消耗し「俺の人生、一体何だったんだろう」と後悔していたかもしれません。

②テレマーケティング会社づくりのプロジェクトリーダーに抜擢

この時期、最初の大きな仕事が新たにテレマーケティング会社を創業することでした。そのプロジェクトリーダーに任命されました。最初は、一人で全てやりました。事業計画の策定、出資金集め、就業規則の策定、人事制度、組織づくり等が主な仕事です。その頃は新電電の新規営業もあったので、昼間は販路開拓に充て、新会社創業の仕事は営業時間外に行いました。毎朝６時に出社し９時までと、夕方17時頃帰社し深夜０時頃までを新会社創業の仕事に充てていました。半年間新会社づくりに没頭しましたが、多忙ながら希望に満ちた充実の日々だったと思います。体はぼろぼろで悲鳴を上げていましたが……。

稟議許可が下りる目処が立ってから、２名追加で株式会社もしもしホットラインへの出向が決まりました。情報産業部門への異動、もしもしホットラインの創業に関わることで私の隠れた才能が一挙に開花した感じがします。その意味で、当時の上司には今でも心より感謝しています。私の人生を振り返ってみても後悔はなく大正解だったといえます。私を育ててくれた三井物産という会社と上司、先輩諸氏、同僚、仲間たちには心から感謝しています。

③異業種交流会参加を決意

カナダから帰国したのは、１９８４年５月のことでした。その当時、情報産業部門は鉄鋼部門とは全く異なる業態なので、人脈づくりが極めて重要であると私は考えていました。また、情報感度が重要と認識し、他社の文化、考え方に接することも課題であると考えました。そこで異業種交流会に参加することを決めました。

折よく、経営コンサルタントの大西啓義氏出演の朝食会火曜会をNHKで放映しているのを見つけました。早速NHK経由で同氏とコンタクトをとり、火曜会に参加しました。そこから他の異業種交流会に次々と誘われ、後日それが人生を大きく変えることに気づきます。その話はまた別の項で説明いたします。

《3》年商1000億円の東証一部上場企業をゼロから立ち上げる

カナダ赴任の折、カナダでは通信の自由化が進んでおり、カルチャーショックを感じました。当時、通話料無料のフリーダイヤル（カナダではトールフリーコールと呼び800が0120に相当）が流行っていました。そこで、私は日本でもコールセンター業務が流行ると思い、テレマーケティング会社の創設に全力投球しました。

もしもしホットラインは通信自由化の波に乗り、右肩上がりの成長を遂げ、店頭上場、東証第2部上場、そして東証一部上場企業へと順調に売上を伸ばしました。7名でスタートした会社でしたが、現在は、りらいあコミュニケーションズ株式会社と社名を変え、１２８０億円（２０２１年3月）、従業員3万人の大企業に成長しました。

同社には設立前の半年と設立後の3年9カ月在籍しました。上場には直接関わっていませんが、創業期の経営・マーケティング戦略、男女同一待遇同一賃金の人事制度を整え、設立3年目で単年度黒字化し、経営基盤が確立した時点で本社の情報通信事業部に戻りました。

このエピソードについては、後日、中小・ベンチャー企業経営のヒントとして、書籍『あなたの経営力10倍アップの極意』を出す予定です。

私は、もしもしホットラインの設立10年後に25年勤めた三井物産を早期退職することとなります。同社の創業は、私の人生を大きく変えた出来事でした。

4 東証一部上場企業の創業経験を活かし、三井物産を早期退職

《1》世界最小の総合商社マーキュリー物産創業

テレマーケティングの新会社もしもしホットラインの創業経験は人生を変える大きな出来事でした。鉄鋼部門から新設の情報産業部門への異動は、私に一大転機をもたらしたのです。もし、情報産業部門に異動し同社を創業していなかったら、三井物産を早期に退職することはなかったし、その勇気もなかっただろうと思います。「世界最小の総合商社」というキャッチコピーは、かつて世界最大級の総合商社に勤務していたので、それをもじって作りました。社名「マーキュリー物産」のマーキュリーは、一橋大学に由来します。それに三井物産の物産をくっつけてマーキュリー物産としました。資本金は1000万円ですが、株式会社にすると取締役が2名以上必要となり、取締役会などいろいろと煩瑣になるので、あえて有限会社にし

ました。また、資本金が少なすぎると、取引先との信用と設立当初の資金繰りに影響するので、１０００万円としました。

設立時には、３事業部ありました。①情報通信事業部：ＮＴＴの光ファイバーＢフレッツ営業、②耐震防災事業部：ＮＰＯ法人日本耐震防災事業団の加盟店となり、耐震防災金具を在庫一式で請け負う、③環境事業部：「家庭用生ごみ処理機」の一次卸として在庫を販売。各事業部にはそれぞれ専任部長を配し、従業員数は最大15名となりました。

スタート当初の２～３年は各事業部とも順調でした。しかし、ＮＴＴの光ファイバーＢフレッツ営業でつまずきました。Ｂフレッツ営業は30世帯以上のマンションに光ファイバーＢフレッツを勧めることになっており、ビジネススタート当初は順調でした。ところが、同年の10月からターゲットの基準が10世帯以上と引き下げられました。その結果、対象マンションが一気に拡大し、ＮＴＴ側の工事が大幅に遅れ、申し込んでから1年以上経っても開通しない事態となりました。マーキュリー物産の資金繰りは大幅に悪化し、３０００万円近く借入金が増え限界が来たためリストラを決断しました。事務所を解約し私一人になりました。

《2》失敗から学ぶ。中小・ベンチャー企業経営コンサルタントとして大きく成長

詳細は、次回出版予定の『あなたの経営力10倍アップの極意』で述べますが、失敗の経験から多くを学びました。そしてこの失敗が、中小・ベンチャー企業の経営コンサルタントとして力をつけるための肥やしとなりました。現在では、そうした企業の皆さんに適切なアドバイスができていると自負しています。3000万円近い借金を半年のリスケをしながらも全額弁済したことは、コンサルタントを生業とする私にとって大きな自信となりました。三井物産在職中は、三井物産の看板と信用でビジネスをしていました。しかし退職後はその金看板に頼ることはできません。ですから徹底的に勉強しました。早期退職してから25年、その間数千冊の書籍を読破しました。

《3》中小・ベンチャー企業経営コンサルタントとして創業支援18社に投資

三井物産を早期退職して25年目となります。その間数千万円を18社に投資してき

ました。上場した企業もあります。当初投資に際し、大企業の視点で案件を捉えていました。しかし、マーキュリー物産における事業の失敗で、中小企業の視点を得られました。三井物産在職期間と早期退職してからの期間がほぼ同じになり、その体験で大企業と中小企業、両方の視点を持つことができたのです。

大企業では、投資の際にＩＰＯ（株式公開）で検討します。大企業的なマクロの視点が重要です。片や、事業計画の数字を把握するには、現場の視点が大切です。経営はヒト・モノ・カネの３要素で成り立ちます。中小企業にとっては、経営者が１００％といっても過言ではありません。これを見抜く能力がかなりつきました。

《４》ＭＬＭ経験で、ＢtoＣに弱い商社マン体質を克服

実は早期退職するとき、私はサプリメントとスキンケアのＭＬＭ（ネットワークビジネス）に関わっていました。好奇心旺盛な私は、持ち込まれた案件は基本的にチャンスと考え、納得すれば即断即決で行動するタイプです。たまたま三井物産在職の最後が東京通信ネットワークという会社への出向でした。同社は東京電力と商

社、日産自動車が共同出資してできた会社でした。それまでほぼ夜10時まで仕事をしていましたが、同社に出向してからはほとんど残業がありませんでした。そんな時にMLMの話が、月曜会という異業種交流会に参加したときに持ち込まれました。もちろんMLMに関わるのは初めてでした。私はやり方を知らなかったので、紹介者から教わりました。

毎月25万円前後の商品を購入し、自分で体感し、その良さを口コミで伝えていく仕事でした。4カ月間で約100万円の商品を購入し、自分でも使い小売りしていくビジネス・モデルです。初体験でしたが、このビジネス・モデルを面白く思いました。4カ月経つとエグゼクティブというタイトルに昇格し、月収20万円になりました。紹介者からは「菅谷さんなら、5年やれば月収500万円、10年やれば月収1000万円はいく」とおだてられたものです。さすがに私も鵜呑みにするほど脳天気ではありません。現実、月収50万円止まりでそれ以上は困難でした。買い込み型のビジネス・モデルは、結局、砂の城を築くだけという経験をしました。

私が同社に関わったのは、創業間もない頃でした。同社は創業6年目までは急成長していきました。しかし、米国ユタ州で行われたコンベンションに参加して、私は将来性はないと判断し、ビジネスからの撤退を決断しました。私の決断は正しく、同社の売上高はその後急降下し、現在はピーク時の４割弱まで落ち込んで低位安定しています。しかし、大切なのはプラス思考です。同社のＭＬＭから３つのことを学びました。

１つ目は、商社マンだった私はエンドユーザー向けの商品は苦手で、その感性がなかったのでＢtoＣ向けビジネスの経験ができたこと。これは中小・ベンチャー企業経営コンサルタントとしてとても役に立っています。

２つ目は、経営コンサルタントとして冷静に企業の成長曲線を見ることができ、見る目を養うことができたこと。

３つ目は、そのＭＬＭから予防医学の大切さを学んだこと。72歳になる今でも同年代のシニアと比べ圧倒的に元気なのは、同社のＭＬＭを通じて学んだからといえます。

5 あなたの思考力を10倍アップする極意

本章の1～4までは私の経歴を書き綴ってきました。これまでの記述では、本書で取り上げる「思考力」については、まだ十分に述べられていません。したがって、本項では、いかに私が「思考力」をアップさせたのか、そのプロセスを詳述したいと思います。

《1》「思考力」を鈍化させている現代社会

①良い仕事をするには、考える力を鍛錬することが重要

「思考力」は、新聞、雑誌、書籍等を読んでいるうちに自然と醸成されます。また、私は17年間メルマガ『マーキュリー通信』を発信し続け、既に４５００回以上になります。「思考力」は筋力と同じで、記事を書いていると自然と身につき

ます。17年が経った今、振り返ってみると、当時より「思考力」が10倍アップしている感覚です。

書き続けるためには、情報源が非常に重要です。私は新聞やテレビ、週刊誌等といったマスコミ情報を基本的に信頼していません。後述する信頼できる情報を有料で入手しています。

②便利な世の中が「思考力」を低下させている

何か分からなければ、今はインターネットで「ググ」れば欲しい情報がすぐに手に入ります。この便利さに慣れてしまいコピペ文化全盛の世の中となってしまいました。その結果「思考力」が低下していきます。私の場合、パソコンのキーボードの上に指を置くと瞬時に文章が浮かびます。手書きと比べて10倍のスピードです。しかし、デメリットとして手書きの「思考力」が鈍ってきました。漢字がとっさに浮かばないことが多々あります。そこで、頻繁に手書きもするようにしてアナログ力を強化しています。具体的には、10年日記、未来先取り日記、速読法のアウトプット、ゼロ秒思考のアウトプット等です。

③電化製品がなかった子供時代

現代は電化製品のおかげで、非常に快適な時代となりました。私が子供の頃、風呂を沸かすという仕事がありました。

この仕事ひとつとってもいろいろな作業工程があります。まず、木の風呂桶を洗います。風呂桶についた垢を落として、きれいに磨きます。次に、井戸でバケツに水を汲み、両手に持って風呂場まで20～30ｍ移動します。小学生の子供には結構大変な作業でした。バケツの水を風呂桶に入れて井戸まで戻り、またバケツに水を汲み風呂場まで、この作業を繰り返します。

子供ながらに、どうしたら負担を軽くできるか真剣に考えるようになります。風呂に水を満たしたら、次は風呂のお湯を沸かす仕事です。当時のお風呂は石炭風呂でした。まず、木々を集め薪を作ります。２ｍ前後の大きな木をノコギリと斧を使って小さく切断し薪にするのです。

次に、新聞紙と薪をかまどに入れて火種を作ります。火種ができたら薪を入れます。十分な火力になったところで石炭を入れます。これでお風呂を沸かす仕事は終わりです。

段取り・準備作業も含め、子供なりにいろいろと工夫をし、どうしたら効率よく風呂が焚けるかを考えます。現代生活から見れば不便な生活ですが、不便だからこそ考え知恵を絞ります。誰かに教わったわけでもありません。「必要は発明の母」といいます。子供時代の体験から、自然と考える力が身についていきました。

④昆虫取りに夢中になった子供時代

私の子供時代、春夏秋冬自然と親しんで暮らし、その暮らしから多くの知恵や工夫が生まれ、自ずと考える力がつきました。そして生活力がつきました。

春はキャベツ畑に、モンシロチョウやモンキチョウを捕りに出かけました。時々アゲハチョウなど大物も見つかりました。夏は蟬の季節です。さらに夏から秋にかけては、カブトムシ、クワガタ、テントウムシ、コオロギ、バッタそしてアカ蟻を捕まえて楽しんでいました。昨今のようにカブトムシを金銭で買うことはしません。絶えず自然と接することで、生命の大切さを学び発想力が培われました。「思考力」には発想力も必要です。

⑤ゲームから「思考力」をつける

私の子供時代に流行ったゲームは人生ゲームでした。人生ゲームを通じ、お金持ちになったり貧乏になったりすることを学びました。今はデジタルゲーム全盛の時代ですが、アナログのゲームから学ぶことも多いのです。

《2》多数の書籍を読む習慣をつける

読書からは多くを学べます。書籍には著者の経験や知識が凝縮されています。人生を変える座右の書に出逢うこともあります。実際、巻末の参考文献の多くは、私の人生の指針となっています。

人生を変えた一冊は、1988年、日本生命の法人部長から紹介された『太陽の法』（大川隆法著　土屋書店）です。詳しくは第3章で述べます。座右の書は『思考は現実化する』（ナポレオン・ヒル著　きこ書房）。同書は英語版の原書『Think & Grow Rich』も読み深く感銘を受けました。私の「思考力」に多大な影響を与えました。そして、20年以上前に『7つの習慣』（スティーブン・コヴィー著　キングベアー出版）を読みましたが、すっかり身につき、私の言動は自然と「７つの習慣」を実践しています。

仕事力を伸ばすには、分野外のものを多数読むことをお勧めします。私の年間読書数は１５０冊でした。あるとき、朝６読書会でＧＳＲ速読法を知り研修を受けてからは年間５００冊ペース。また、同読書会で知った「瞬読」のオンライン講座を受講することで、さらにペースがアップしました。

個人の経験や知識など大海の一滴にすぎません。だからこそ、貪欲に多くの分野の書籍に触れるようにしています。最近は、朝６読書会に常連参加するようになり、さらに読書のジャンルが広がりました。紹介された本はできるだけ読むように心がけています。そのことが、やはり自己成長につながっています。

《3》マスコミ報道だけ見ていると「思考力」が低下していく

①日本人はマスコミ報道を信頼する人が世界有数

日本は、マスコミ報道を信頼している国民が多いことについては世界有数で、その割合は約7割ともいわれています。逆に低いのが米国で、中国は日本と同程度の割合です。中国のマスコミは中国共産党のプロパガンダ機関だからといって、信頼＝洗脳と結論づけるのは少し乱暴でしょうか。もっともこのデータ自体、信憑性に乏しいとはいえます。

マスコミの本質をしっかりと押さえておくことが重要です。その本質とは、一部目立ったニュースをセンセーショナルに取り上げること。ある格言に「犬が人間にかみついてもニュースにはならないが、人間が犬にかみついたらニュースになる」とあります。日本では、ちょっとした殺人事件でもニュースになりますが、もし殺人事件が毎日頻繁であればニュース価値は下がります。見方を変えれば、殺人事件がニュースになるのは、日本がそれだけ治安がいいという解釈もできます。

②日本は「世界報道自由度ランキング」第67位の情報後進国！

国際ジャーナリストNGOの国境なき記者団（RSF）発表の「世界報道自由度ランキング」2021年版によると、日本は67位でした。2010年には

11位だったのが、毎年順位を落とし今年は史上ワーストの67位まで落ちています。日本のマスコミの報道姿勢を見ればこの結果に頷けます。

２０２０年の米国大統領選は、米国大手メディアによるフェイクニュースが右から左へ垂れ流し状態でした。トランプ前大統領が圧倒的優位に立って選挙戦を進めている事実がひた隠しにされていました。また、新型コロナウイルス報道もほとんどフェイクニュースです。都合の良いところだけ切り取って報道し、視聴者をミスリードする姿勢をとっています。為政者にとって都合の悪い事実は報道していません。あるいは、中国に関しては、ウイグルでの大量虐殺犯罪をはじめとして、中国に忖度して報道しません。

同ランキングで米国は第44位でした。あの史上最悪の不正選挙を大手メディアはほとんど報道しませんでした。そして、アンチ・トランプキャンペーンを正々堂々と展開するなど、メディアとして本来あるべき姿からほど遠い状況でした。現在もさらに報道規制が進んでおり、この順位が妥当と思います。

なお、中国は１７７位、北朝鮮は１７９位。同調査が団体等の圧力を受けずに、比較的公平に調査していることがうかがえます。最下位は紅海に面したアフリカのエリトリアという人口350万ほどの小国です。ちなみに首位はノルウェーで上位は北欧諸国が占めています。

私は日本のメディアを信用していないので、信用できる情報源から有料で独自に情報を仕入れています。年間の情報料は数十万円になりますが、情報内容が格段に違います。ただし、一カ所からだと情報の偏りや誤解や間違いもあるので、以下のような言論人から有料で情報を入手しています。国際ジャーナリスト堤未果氏、ノンフィクション作家の川添恵子氏、評論家の三橋貴明氏、国際政治評論家藤井厳喜氏、「台湾ボイス」の林建良氏、フーバー研究所リサーチフェロー西鋭夫氏、歴史学者田中英道氏他の動画やメルマガを視聴して、偏らない情報入手に努めています。その他信頼できるソースとしてJCUあえば浩明議長、幸福実現党及川幸久氏他、多数のユーチューバーから情報を得ています。もし、彼らの誰かが権力者と絡んでいる場合には、動画リストから外します。

膨大な情報を入手するためには、膨大な時間がかかりますが、基本的に動画は2倍速で視聴しています。これで意味がほとんど理解できます。

片や、テレビに登場する人気評論家、例えば池上彰氏等はスポンサーにご機嫌を取る発言や間違った情報が散見されるので信頼できません。

③マスコミのあるべき姿3F

私はマスコミのあるべき姿は3Fと思っています。

1番目のFはFake news or falseを流さないこと。

2番目のFはFairです。つまり、公平、公正な記事を取り上げることです。特に朝日新聞を中心とする左翼系の新聞は偏向報道が目立つので、どこが偏向報道なのか注意しながら読みます。

3番目のFはFreeです。これは政府等権力者からの自由です。しかし、消費増税記事など政府に忖度する記事が目立ち、全く信用できませんでした。

そんな中で産経新聞は比較的安心して読めます。それでも昨年の大統領選の記事は、米国大手メディアのフェイクニュースをそのまま右左垂れ流しているだけでした。また、コロナウイルス問題に関しても、いたずらに危機を煽っていました。京都大学上久保教授他専門家は「日本ではコロナウイルスに対する免疫がついているのでコロナショック以前の生活に戻ってよい」との発表がありました。こういう報道をフェアに取り上げるべきでしたが、全く報道されませんでした。

《4》未だ戦後の自虐史観から抜け出せない日本および日本国民

終戦直後の1945年から約7年、米国マッカーサー元帥率いる占領軍GHQのもと日本国民の徹底的な洗脳化政策が実施されました。大東亜戦争が自衛の戦争であることは自明の理です。マッカーサー元帥も帰国後に、米議会で「太平洋戦争は自衛戦争だった」と証言しています。また、真珠湾攻撃も時の大統領フランクリン・ルーズベルトが巧妙に仕掛けた罠だったということを、前任のフーバー大統領が終戦後詳細に記述しています。さらに原爆投下については、ルーズベルト大統領の死後、大統領に昇格したトルーマンが、新型爆弾の実験で投下したことが判明しています。なお、太平洋戦争という呼称は、米国が使っていたものです。大東亜戦争という用語は使用を禁止されて、太平洋戦争が一般的になっています。

大東亜戦争という呼称では、その意味合いは全く違います。開戦直後（１９４２年1月）、東條英機首相がアジア各国に呼びかけ、欧米列強の植民地主義による人種差別撤廃と、アジア民族の共存共栄による大東亜共栄圏構想を打ち出しました。

この呼称を使ったとき、それは、米国が一方的に戦争を仕掛け、最後は原爆２発を広島・長崎に投下し終戦となった、完全な国際法違反の戦争なのです。その事実を隠蔽するため、日本を徹底的に悪者にしました。日本はアジア諸国を侵略した悪い非民主主義国家であり、民主主義国家米国が日本にも民主主義を普及させ、野蛮国から立ち直らせるという大義名分で、日本国民を徹底的に洗脳しました。そのために、軍隊を禁止し、二度と米国に刃向かえない国家造りをしたのです。

同時に米国型個人主義を押し付けました。戦前の精神的主柱だった国家神道を叩き潰す目的で、日本人に宗教軽視の価値観を植え付けました。これを、戦勝国の論理を徹底的に押しつけた東京裁判史観と言います。

戦後75年以上が経っても、米国がつくった臨時憲法である日本国憲法を、未だに改正しないというギネスブックものの快挙（？）となっています。

そして宗教軽視、無神論者が国民の多数を占める世界でも珍しい国となっています。宗教軽視の影響で、拝金主義が横行し、自分さえよければという、個人主義全盛の世となり果てました。米国的個人主義の浸透で離婚率が激増し、米国の50％に近づく35％にまでなっているという異常事態です。評論家の故竹村健一氏が「日本の常識は世界の非常識」と語っています。世界では常識であるところの、国防軍が国を守る、宗教を大切にすることが、日本人には抜け落ちてしまっています。

これを機に、国家にとって最重要の「国防」という問題、個人にとって最重要の「信仰心」を是非真剣に考えてほしいと思います。

《5》物事を見る基準

①フィルターを外して考える習慣をつける

人は、この世に生を受け成長します。成長する子どもたちの考え方に、家庭環境は多くの影響を及ぼします。某新聞社のある女性ジャーナリストの事例です。彼女の家は貧しく私立大学に通う経済的余裕がなかったので、地元北海道大学を受験し合格しました。その時、彼女は日本の格差社会を感じたそうです。

正義感の強い彼女は、格差社会をなくすことも自分の使命のひとつと考えています。私の生家も貧乏でした。しかし、一橋大学に合格し三井物産に就職しました。貧乏な家庭に生まれ育った私でも、中の上程度の生活ができていることに感謝しています。

企業に就職すると、その考え方・価値観に影響されます。私は三井物産で10の部署を経験しました。各部署で考え方は異なりますが、営業部門では「儲ける」「利益を上げる」ことが最優先です。当然、社会問題化するビジネスには手を出すな！　という内部規律がありますが、やはり価値基準はいかに利益を上げるかです。そういう価値基準にモノの見方が固定されていきます。しかし現在は、どこにも属していないので、物事をチェックする私の基準は「神仏の目から見て正しいか、正しくないか」です。そして残りの人生は、これまでの経験とお金を、世のため人のために使い生きていきたいと思っています。

②物事の背後にある「想い」の部分を把握する

歴史とは、勝者の視点で捉えられることが多いものです。本能寺の変で有名な明智光秀は、主君を暗殺した逆臣と多くの方はお思いでしょう。しかし地元では、評価の高い大名として現在でも人気の武将です。

敗戦の折、首相東條英機は悪名高く、終戦直後は「東條」という名前だけでいじめにあったといわれます。しかし、東條英機関連の書籍を数冊読んでみると、彼は東京裁判で「日本の戦争は自衛の戦争であり、欧米の侵略から人種差別を撤廃し、アジア同胞を守る戦いであった。天皇に戦争責任はない。全て自分が悪い」と責任を一身に引き受け、巣鴨刑務所で処刑された潔い首相でした。

世界史では、コロンブスは新大陸発見の英雄、マゼランは世界一周した英雄として教科書に紹介されていますが、原住民にすれば侵略者に外なりません。

③お金と人事と歴史の視点で捉える

マスコミ報道をチェックする基準として、お金と人と歴史の視点が重要です。

例えば、国連の一機関であるＷＨＯ（世界保健機構）は、コロナウイルスで一躍注目を浴びました。その最大の出資者について考えてみましょう。トランプ氏は大統領任期中、同機関から撤退しました。中国との癒着がひどく世界のための行動をとらなかったからです。その結果、ビル＆メリンダ・ゲイツ財団が最大の出資者となりました。その背後には、世界的な製薬会社ファイザー社等が絡んでいます。そして、コロナウイルスは利権構造の巣窟となっています。製薬会社にとって、世界中に感染が広がり人々が恐怖心を持つほどに、ワクチン接種の機運が高まり都合がいいのです。同機関は、ルールまで変えてしまい、各国からの感染状況の報告は不要とし、製薬会社はワクチン接種で死者が出ても一切責任を問われないことに。死者が出た場合その責任は各国政府が取らされるのです。これでは製薬会社は笑いが止まりません。

《6》ディープステートの存在を知ると洞察力が増していく

①世界の闇の支配者の存在

5年ほど前に、『図解 世界「闇の支配者」』（ベンジャミン・フルフォード著扶桑社）を読んだ時、初めてディープステートの存在を知りました。しかし、あまりにも衝撃的な内容だったので半信半疑でした。ただし、その核となる国際金融資本の世界的影響力の存在については一応知っていました。

②米国大統領選をきっかけにディープステートの存在を知る

２０２０年の米国大統領選は史上最悪の不正選挙といわれ、それがきっかけで疑問を持ち『ディープ・ステイトの真実』（西森マリー著　秀和システム）を読んで、実態を深く知るに至りました。ディープステート（以下ＤＳとする）は、国際金融資本であり、英国のロスチャイルド家、米国のロックフェラー家を主に指し、世界中に影響力を持つ組織です。ＤＳは、ＣＩＡ（米国諜報機関）とＮＡＴＯ、米国ネオコン、グローバル企業をはじめとするエスタブリッシュメントがベースとなっています。

「思考力」アップ

- 好奇心を持つ
- 読書習慣
- 異業種交流会に参加
- 物事を考える習慣
- 瞑想
- あえて不便さを体験する

「思考力」ダウン

- 検索エンジンに頼り切る
- マスコミ報道一本
- 同じ職場に長年在籍する
- 色眼鏡・偏見・素直さがない

③DSの利権構造

これまで米国の政治家はDSを利用しながら利益を拡大してきました。その筆頭格が歴代の大統領、共和党のブッシュ親子、民主党のクリントン夫妻、そしてオバマと焼け太りしてきました。彼らは悪事を積み重ねてきましたが、罪に問われることはありません。DSは、意図的に戦争を起こし、武器を輸出し巨額のマネーを得てきました。また、資源からも膨大な利益を享受してきました。世界中の戦争、闘争、民族紛争の火付け役の大半はDSのようです。そのキーワードが反共、反ロシアです。このように理解すると、ベトナム戦争、湾岸戦争等世界で起きている戦争、紛争もまた然りです。また、DSは、敵と見なせば、事実の歪曲、誹謗中傷、嘘、罠、ハニートラップなど一切の躊躇なく行います。

④トランプ前大統領の政治

ドナルド・トランプが大統領選挙に名乗りを上げた折、彼は、不動産王でありビジネスマンとして巨万の富を得ていたので、これまでの大統領のようにD

Sに頼る必要はありませんでした。大統領任期中の年収はわずか1ドルともいわれています。彼は、DSによって疲弊してしまった米国地場産業の復興と、それによる米国民の豊かな暮らしを掲げて立候補しました。もちろん地球温暖化もDSによる作り話と分かっているのでパリ協定から離脱しました。

DSのグローバル化により米国の地場産業は衰退していきました。トランプが掲げた政策のひとつにラストベルト（衰退してゴーストタウン化した地域）、そして石炭産業と石油産業の復興があります。この政策を支持したのが米国中間層以下の有権者でした。

トランプは、軍事で金儲けしているNATOに対し懐疑的でした。NATOは1兆ドルを持つ裕福な反共組織です。同機構と利害関係が一致しているCIAにも懐疑的です。また彼は、"Make Russia Great Again!"を掲げロシアを民主化し、経済復興を遂げたプーチン大統領と波長が合います。アメリカファーストの"Make America Great Again!"はまさに専売特許でした。

これまでの大統領と異質で戦争に反対し、利益を侵害されたDSはあからさまな敵意を持ちました。

トランプ前大統領の政策は、仏教的には利自即利他といえます。まずは疲弊した米国の産業を復活させ、その上で他国の利益を考えるというものです。日本もジャパンファーストでいいのです。

⑤DSの誤算

DSは、トランプ候補を当初泡沫候補とみなしヒラリーには勝てないと思っていました。念のため安全策を敷き、激戦州では不正選挙を仕掛けました。しかし、結果はトランプの勝利という大誤算でした。

これに焦ったDSは、徹底的な弾劾を始めました。ウクライナ疑惑、ロシア疑惑等、DSの広報機関CNNを使って疑惑キャンペーンを張り、国民を洗脳していきました。そして、彼の側近であるフリンやパパドプロスらに無実の罪をかぶせ、辞職に追い込みました。

しかし、無実のトランプは当然身の潔白が証明され、空前の好景気、失業率の低下等、４年間に輝かしい業績を上げました。大統領再選は確実と思われていました。

⑥史上最悪の選挙違反、犯罪

トランプ前大統領の4年間の政治は、ほとんど公約通りに実行されたので、米国はレーガン大統領以来の好景気となりました。当然、2020年の米国大統領選の選挙前予想では圧勝していました。しかし、米国大手メディアの大半は、その事実をひた隠しにし、民主党バイデン候補の有利を終始報道し続けました。日本のメディアもこれに同調しました。

事実は、トランプが勝利していたはずでしたが、民主党側の史上最悪の選挙違反、犯罪により、バイデンが勝利宣言をしました。選挙不正では「バイデンジャンプ」という新語まで流行りました。しかし、日米メディアはその事実をひた隠しにしてきました。そこで、DSはコロナウイルスの責任をトランプに取らせようとしました。しかし、トランプ人気は一向に収まりません。これに焦りを覚え、史上最悪の選挙違反と犯罪を展開しました。大手メディアが報道しないのは、利権構造に組み込まれているからといえます。トランプ暗殺がささやかれたことがありますが、現在もこの暗殺計画は進行中であるともいわれています。

一方、バイデンはＤＳのおかげで焼け太りした人物です。バイデン政権は同組織にとって都合のいい傀儡政権となっています。現状、中国・ロシアを除く世界の国家元首の大半はＤＳに操られており逆らうことはできません。注意深く読み解けば、トランプ前大統領の理念とは、同組織によって葬り去られようとしている、米国建国の理念であるところの自由と民主と信仰を取り戻すことと理解できます。

⑦米国民主主義が完全に死んだ日

２０２１年１月６日の全米規模のデモを煽動し、死者まで出したトランプ前大統領の責任を追及し、米国議会では民主党を中心に弾劾裁判が始まりました。当日、警察隊が、アンティファやＢＬＭ（Black Lives Matter）等左翼過激派と連携し、開催中の議会攻撃を画策したことが明らかになっています。議会を護衛していた警察隊が、アンティファやＢＬＭをリラックスムードで招き入れている動画まで確認されています。過激派の中には、トランプ大統領支持派の象徴である赤い帽子をかぶってマスコミに誤認させた者がいたことも発覚しました。また、トランプの支持層には一部過激派がいて、彼らの煽動で熱くなり同調した者もいたようです。支持派のデモ参加者の大多数は整然とデモ行進を行い、アンティファやBLM等左翼過激派の標的となり、度々攻撃を受けました。これらを陰で操っているのがDSといわれています。

2020年の大統領選ではDSと中国が裏で糸を引いていたことが分かっています。これと利害が一致している米国大手マスコミは、トランプに有利な報道はしません。逆にバイデン陣営に関しては、彼や息子のハンター・バイデンの汚職やハニートラップに関しては一切報道しませんでした。（注記：私は20年以上にわたり日経ビジネスを購読してきました。日経ビジネスは1月6日の議会占拠事件をトランプ大統領の仕業と決めつけ、さらにはトランプ大統領の4年間の実績をきちんと調べず奇人変人扱いをしています。同社に抗議のメールを送りましたが、回答はなかったので、購読を中止することにしました）

⑧トランプ革命が「思考力」急上昇のきっかけ

結局、トランプ革命により、DSに関心を持ち、日本のマスコミのフェイクニュースにも気づき、正しい情報源の重要性を認識し、私の「思考力」は大きく上昇したといえます。

ＤＳの力は全世界に及んでいます。地球温暖化問題、国連、ＳＤＧs等まだまだ書きたかったのですが、頁数の制約から来年出版する電子書籍『あなたの思考力10倍アップの極意』に譲りたいと思います。ご期待ください。

《7》コロナ禍を考える

コロナが発生して既に2年が経ちます。

今では、マスク文化が定着し、政府はマスコミをうまく利用することで、国民を洗脳することに成功しました。政府は、国民はあまり考えようとしないので、コントロールしやすいと捉えているようです。

この項ではコロナ禍を深く考えてみたいと思います。コロナの実態を知ることで、必要最低限のケアさえしていれば、恐るに足りないと理解できます。

①新型コロナウイルスとは

２０１９年12月、突然新型コロナウイルス問題が発生しました。あれから１年半（本書執筆２０２１年９月時点）、国民は政府やマスコミに振り回されてきました。しかし、政府の発表やマスコミの報道だけを鵜呑みにしていると、実態を見失います。有料動画、インターネット、ユーチューブ、書籍等で調べてみると、そこに政財官の利権構造が見えてきます。

なお、新型コロナウイルスは、99％以上の確率で中国の生物兵器であることが判明しています。本件に関しては、米国共和党ＷＨＯ責任者マッコール下院議員が８月１日に武漢研究所から流出したことを公式に発表しました。この事実から、今後米国は中国習近平国家主席に対し損害賠償を請求することを検討中とのことです。

こういう極めて重要な事実を政府やマスコミは中国に忖度して発表しません。だから日本のマスコミは信用できないわけで、第三者的な信用ある情報源を確保する必要があるのです。厚労省に問い合わせても、新型コロナウイルスを科学的に確認できていないと答えるだけです。当然です。そもそもウイルスですらなく細菌なわけですから。なお、本書では以降、新型コロナウイルスを武漢ウイルスと呼称します。発祥地で呼ぶことが通例なので、新型コロナウイルスと呼べば、いつの間にか中国が発生源だという事実が薄れてしまうからです。

②武漢ウイルスによる死亡者数

日本における武漢ウイルス感染者数は94・1万人、死亡者数は1万5197人（2021年8月2日時点）となっています。しかし、厚労省は、死ぬ直前にＰＣＲ検査を受けさせ、陽性反応者は全て武漢ウイルスで死亡したことにするよう指示を出しています。2020年3月にコメディアン志村けんさんが武漢ウイルスで死亡したことがニュースとなり、国民は大きなショックを受けました。しかし、事実は肝硬変だといわれています。同時期に女優の岡江久美子さんが乳がんで死亡しました。こちらも武漢ウイルスで死亡したことになりました。マスコミにとっては格好のニュース記事となりました。

実際、武漢ウイルスで死亡した人はその1割程度と見なされます。これではニュース価値はありません。多くの専門家が指摘しているように、武漢ウイルスはインフルエンザ＋α程度という認識でいいわけです。もちろん必要最低限の対策を打つことは肝要です。

武漢ウイルスは、接触感染と飛沫感染です。空気感染は原則しません。したがって、日常生活で接触に気をつけるべきです。トイレの後で触るドアノブなどは特に。やはり手洗いと殺菌が重要です。パソコンのキーボードやマウスも要注意です。私の場合、パソコンの前に殺菌用スプレーを置いて、こまめに指の消毒をしています。また、人間は無意識に顔を触る癖があります。こまめに指の消毒をすれば、感染を防ぐことができます。

③PCR検査の実態

ＰＣＲ検査は不確かでやっても意味がないという意見が専門家から多数上がっています。同検査の陽性反応者の大半は感染したわけではありません。それを連日マスコミが最高を更新したとして国民の危機を煽っています。マスコミは感染者数として発表していますが、これも事実とは異なります。

④マスクの着用

マスク着用がすっかり日本の文化として定着しました。専門家の話では、武漢ウイルスは接触感染です。マスクは実際には不要といえます。マスクの編み目に比べ、コロナウイルスは極小のため、その編み目を自由に通過してしまいます。夏場などかえって熱中症リスクが高まります。ただし、1m以内でつばを飛ばしながら大声で話すようなときには防御となります。また冬場では、くしゃみなどで飛沫感染する風邪やインフルエンザが流行するので、そのリスクの予防効果はあります。一方、子どもたちの発育にも悪影響があることが分かってきました。そこで、山梨県ではマスク着用を止めました。今後はそういった動きも見られると思います。

⑤武漢ウイルスの集団免疫力

京都大学の上久保教授をはじめ多くの専門家が、日本人は既に集団免疫力がついているので、通常の生活に戻ってよいと発表しました。その声は政府に届いていません。緊急事態宣言を何度も再開する意義も見当たりません。マスコミが連日連夜、コロナウイルス報道で国民を恐怖に陥れていますが、恐怖心は免疫力を低下させます。何よりも、事実を正しく認識し、マスコミ報道に左右されない正しい知識を持つことが、コロナ時代を乗り切るうえで重要です。

冷静に考えてみましょう。あなたの周りで何名が武漢ウイルスに感染し、そのうち、重症者や死者が何名出ていますか？　マスコミ報道で連日大騒ぎしていますが、あなたの身の回りに何名の入院者が出たかを確認すれば、武漢ウイルスをそれほど恐れる必要はないはずです。私自身は、2019年7月緊急事態宣言が解除されてからは、コロナ禍前の普通の生活に戻しています。問題なく健康です。逆にコロナ禍で規則正しい生活となり、風邪もひかず夏バテもせずに過ごしています。ただし、電車等公共機関や人の集まる場所では、世間の目が厳しいので一応マスクは着用しています。

⑥コロナワクチン

上記の事実を検証すると、ワクチンを接種する理由が見当たりません。武漢ウイルスで亡くなった人は確かにいます。しかし、実際その数は1500人程度と推計されます。「あなたの周りで武漢ウイルスで亡くなった人は何人いますか？」と聞かれて、答えられる人はほとんどいないと思います。

ファイザー社のワクチンはメッセンジャーRNA（mRNA）であり、遺伝子組み換え技術を使っているといわれています。通常ワクチン開発には7年間の臨床試験が必要です。それをわずか1年で実用化してしまう拙速です。同ワクチンを接種した多数の人には、副反応が出ており死者も多数出ています。百歩譲って、武漢ウイルスで何百万人もの死者が出ており、緊急性を優先するというならまだ分かります。しかし、これまで述べてきたように、コロナワクチンを接種する理由が見つかりません。私見としては、まず安全性を確認することが最優先と考えます。

⑦コロナウイルス死亡者を解剖してみるとウイルスではなく細菌？

シンガポール政府は武漢ウイルス死亡者の検死を実施しました。するとウイルスではなく細菌である可能性が判明。政府は対策として、ワクチン接種を積極的に推進していますが、その根拠が大きく崩れてしまいます。

内海聡著『医師が教える新型コロナワクチンの正体』（ユサブル）によれば、米国政府は製薬会社と密につながり、回転ドア人事がなされています。製薬会社の上層部は、ＷＨＯ、ＣＤＣ（米国疾病予防管理センター）、ＦＤＡ（米国食品医薬品局）へと定期的に異動しては、また製薬会社に戻るという、悪しき慣行を繰り返しています。まさに利権の巣窟となっています。

事例として、ＦＤＡがファイザー社のワクチンを正式承認しましたが、前ＦＤＡ長官のスコット・ゴットリーブ氏は、現在ファイザー社の取締役です。

私自身は、ワクチンを接種して政府の利権構造に協力するつもりはないので、今後も接種はしません。武漢ウイルス対策は、免疫力をつけることが一番。そして補助的に、長崎大学教授が推奨している武漢ウイルス対策用の、５ＡＬＡ（アミノ酸系のサプリメント）を毎朝飲んでいます。それで十分です。

日本の感染症対策の現場も同様に、政財官の利権の巣窟です。御用学者や医師が政府の代弁者となり、マスコミが同調して、フェイクニュースを垂れ流していると内海医師は力説しています。医師は、ＰＣＲ検査自体多数の誤診が出ている以上全く信用できないと見抜いています。例えば、交差反応といって、他のウイルスも検出してしまう可能性があります。事実、愛知県では、陽性反応者28名のうち、再検査で陽性と確認されたのはわずか４名だったそうです。

《8》「知らないことを知る」ことで「思考力」が格段にアップする

① 「知らないことを知る」重要性

私の大学時代は、ちょうど70年安保の頃でした。当時の大学生の大半は反自民、共産党や社会党にシンパシーを感じていました。私も同様で、安保条約は、日本を再び戦争に巻き込むので、断固反対だと思っていました。そして、社会党の「非武装中立論」を支持していました。しかし、社会人になって「非武装中立論」は非現実的で、青二才の処世論と気づきました。今では、安保条約があるからこそ日本は軍事費をＧＤＰの１％に抑え、経済発展できているのだと１８０度考え方が変わりました。そして、自分の無知を今では恥じています。

基本的には、左翼思考の人はかつての私同様あまり勉強をしていません。だからしっかりと勉強し、その上で主張してほしいのです。日本人は、マスコミ報道を鵜呑みにする人が多いです。しかし、かなりのバイアスがかかり、偏向報道も多いし、米国大統領選やコロナウィルス報道ではフェイクニュースのオンパレードでした。だからマスコミ報道以外の情報を日頃入手する習慣をつけることが大切です。私はNHKの大河ドラマをよく視聴しています。しかし、事実と相違することが結構あります。だから単にドラマとして楽しめばいいわけです。もし史実と違っていると疑問に思ったらインターネットや書籍等で調べればいいのです。そのことでさらに時代認識が深まっていきます。

②東京裁判史観

東京裁判とは、戦勝国が敗戦国を一方的に裁いた裁判で、国際法上は違法とされています。戦勝国の権利は、損害賠償と領土の割譲が中心となりました。それを米国は日本に駐留して、GHQ統治下で、徹底的に戦前の日本を悪者に仕立て、日本人の思想を根底から変えてしまいました。挙げ句の果てに、憲法を勝手につくられ、当の米国でさえ臨時憲法だと思っていた日本国憲法が未だ一字一句訂正されていないという世界遺産的な憲法として存在しています。そして、未だにいわゆる戦前の日本はアジア各国を侵略した悪い国家という自虐史観によって洗脳状態が続いています。この思考停止状態から解放されない限り、日本の明るい未来は極めて厳しいと言わざるを得ません。

私は関連書籍を数十冊読みました。読者の皆さんも、もし自虐史観に縛られているようでしたら、是非自分で関連書籍を読んでみてください。自虐史観から解放され、日本および自分に自信が持てるようになれるはずです。

第2章

「人間力」10倍アップの極意

大激変の時代を生き抜く2つ目のパワー

1 人生は一冊の問題集

《1》自助努力の精神でひたすら人生を駆け抜けてきて大きな壁にぶち当たる

①独立心旺盛な子供として生きていく

第1章の「波瀾万丈の子供時代」で述べたように、幼少期に両親を失った私は必然的に独立心旺盛に育ちました。10年ぶりに家出から戻り再会した父は、哀れな姿でした。そのイメージを今でも鮮烈に覚えています。それ以来、頼れるのは自分だけという想いがよりいっそう強くなりました。そして父を反面教師に、一生懸命人生を駆け抜けました。そして、貴重な体験の多くを手に入れてきました。三井物産入社後は、最低でも三井物産の子会社の社長になろうと考えました。将来は大きな一戸建てに住み、良い仲間と楽しい人生を歩むと考えていました。同社在籍中に、企業内起業家としてもしもしホットラインをゼロから立ち上げました。その大成功で私は自信を持ちました。若かったので初代社長にはなれませんでしたが、別の関係会社の社長になることも模索していました。しかし、いつしか自信過剰で増上慢、天狗になっている自分に気づきました。

②挫折体験から神仏の存在を知る

もしもしホットライン創業に成功後、本社の情報通信事業部の新規事業責任者に抜擢されましたが殆ど失敗しました。当時の私は無神論者でした。人生は自分の力で切り開くもので、宗教に頼るのは精神的弱者であると考えていました。この挫折体験から自己を深く見つめ直し神仏の存在を知るに至りました。

《2》本当の自分を知り、本当の自分に忠実に生きることで人間性を取り戻す

①本当の自分の発見の仕方

人間は大人になるにつれ、俗世間の荒波にもまれ、人生を生き抜いていくう

ちに処世術を覚え、本当の自分を見失っていきます。本当の自分とは、幼少期の純粋な自分、光り輝いていた自身の中に見られます。利己的でなく、家族や友人、周りの人々を想い、私利私欲なしに行動できていた自分を発見してみるのです。発見した自分が好きだったら、それが本当の自分です。ただし、私利私欲のない本当の自分といえども、上手にコントロールしないと他人と衝突することがあります。

私の場合、中学生の頃です。3年生でクラス替えとなり、新たに学級委員を選ぶことになりました。47名中44名が私に投票し、私は学級委員長となりました。中学3年生ですから当然高校受験の年です。しかし私は放課後に、成績の上がらない級友のために課外授業を開きました。その他級友のためにいろいろと面倒を見ました。その時の私は私利私欲なく級友のために尽くしました。

②あなたも本当の自分を発見して、人間性を取り戻そう！

中学2年生の時に、調布学園という親のいない子供たちのための施設に預けられていたS君と親しくなりました。大半の子供は親に捨てられたことを恨み、ぐれてしまいます。しかし、Ｓ君は一生懸命勉強して都立高校の受験を目指しました。私は彼が合格するよう一生懸命サポートしました。その結果、彼は都立砧工業高校に合格できました。私は我がことのように喜びました。Ｓ君は高校卒業後、富士重工業に入社しました。人の幸福を見て自分も幸福になれる。それが、私が本当の自分を発見した原点といえます。

③本当の自分を知り、自己をコントロールする

人間力をアップするには本当の自分を知る、そして自己をコントロールしていくことがとても重要です。

車の運転に例えてみましょう。車の運転ではハンドルの遊びをうまく操作します。これは心の余裕です。またアクセルとブレーキをうまく調節して加減しながら進んでいきます。

自分のことをよく知れば知るほどこの加減も上手くなります。まだ不慣れな時や若い時は、アクセルをどちらかというと踏みすぎて暴走してしまうことがあります。

④本当の自分の核の部分は「純粋」

私の真ん中に「純粋」があります。菅谷信雄の心の中を透視したとき見えてくるものは一言でいうと「純粋」さであり、70歳をすぎても少年のような心がそこにあります。この「純粋」な心が「誠実」さにつながり強い「責任感」を生みます。正義感が強く屈託のない明るい性格を形成します。

しかし、これも全ていいことばかりではなく、注意深くコントロールしないと人生うまくいきません。自己をコントロールするということは、よく自身を統御しながら生きていくということです。自分が好きな部分と、それからちょっと出すぎて人とぶつかってしまう部分があります。アクセルをふかしすぎて人とぶつかってしまったり、逆にブレーキを踏みすぎて自分を引っ込めてしまったりと、そのコントロールは難しいものです。

⑤正義感

純粋な性格なので正義感が強いといえます。三井物産在職時も、公私混同の多い上司や、出世のことしか考えない上司には素直に反発しました。

⑥誠実さ

誠実さを英語で言うとintegrity、首尾一貫しているという意味です。つまり、私の場合、この誠実さが、子供の頃から現在まで、首尾一貫しているということなのでしょう。

⑦明るく屈託のない性格

子供の頃から屈託なく明るい性格でした。この性格は一見非常にいいようですが、別の見方をすると鈍感ということになります。最近よく鈍感力という言葉を耳にします。あまり神経質に反応しないで、物事にあまりこだわらないことも大事だということのようです。ただこれは、例えば相手を傷つけても気づかないとか、「デリカシーに欠ける」と捉えることもできます。

だからこれも車のブレーキとアクセルの関係になります。本当の自分を知って、自己をコントロールしていくということにつながっていきます。自分をよく知りながら、ブレーキとアクセルをうまくコントロールしていくことが人生という道路を上手に運転していくコツであると思います。

⑧質素倹約と努力精進

下図で黒丸の中に白抜きで表記している文字があります。これらは、本来持っている性格ではありません。人生をより豊かに幸福にし、そして成功するために必要な、後天的に追加されていく重要な要素です。「純粋」の左上に「質素倹約」と「努力精進」の2項目があります。質素倹約は、母親代わりに育ててくれた祖母の影響です。努力精進は、父親の影響です。父が家出から戻るまでは、屈託なく生きてきましたし、努力精進という言葉とは縁遠い性格でした。家

〈本当の自分を発見する〉

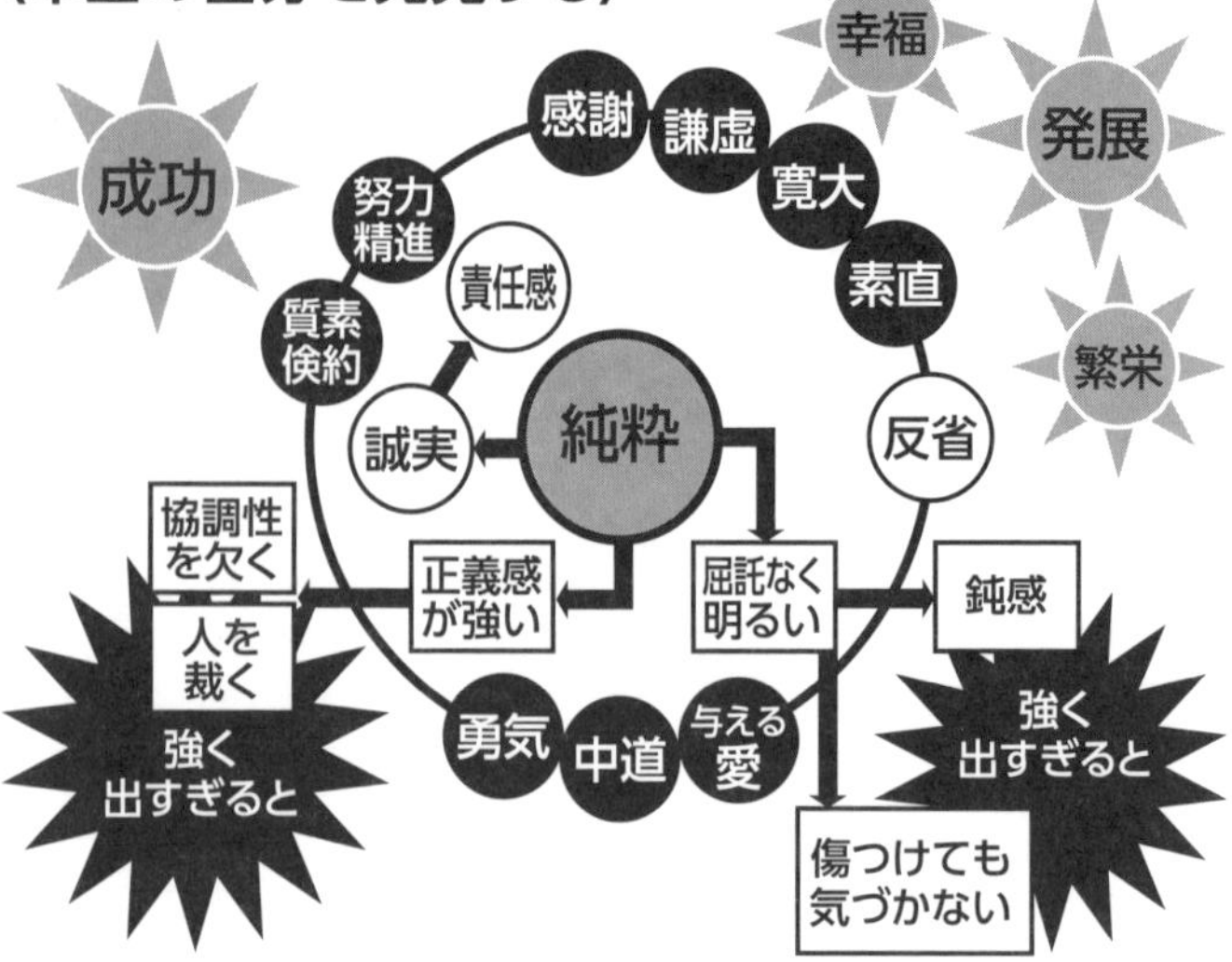

出から戻ってきたひどい父親を見て、彼を反面教師に努力精進を続け、今の私に至ります。怠けると父のように堕落してしまうという強迫観念が私の潜在意識下に染みついているのかもしれません。

⑨後天的な部分

「純粋」の右上に「感謝」「謙虚」「寛大」素直とあります。これをまとめて3KSと造語しました。詳しくは後述します。その下に「反省」とあります。これを加えることで、右上の「発展」「繁栄」につながります。人生の王道、人とうまく調和しながら良い人生を送っていけます。結果、自己成長につながり、人間の器、人間性、人間力がアップするのです。「反省」は、先天的でもあり後天的なので白丸にしました。

⑩勇気

「純粋」の下に「正義感が強い」とあります。これを実行するのには勇気が必要です。勇気はあらゆる場面で求められる資質です。純粋な魂で、他人とうまく調和を図りながら生きていくには勇気が必要です。これをあまり強く出しすぎると、前述のとおり、協調性を欠いたり人を裁いたりしてしまいます。

⑪中道

「勇気」の右に「中道」とあります。ブレーキとアクセルを踏みながら上手く調節することが大切です。また、この概念は、心のハンドルさばきを上手にコントロールする際に極めて重要です。中道とは、お釈迦様が説いた八正道に基づきます。

⑫与える愛

「中道」の右に「与える愛」とあります。もともと魂の中核に純粋性を持っていて、それは誠実さにつながります。そして優しさや「与える愛」へと導かれます。これは見返りを求めぬ愛のことです。前述の中学生時代のエピソードは、まさに、これを実践していたことになります。「与える愛」を実践すると、人間力がアップします。

私には、力になってくれないかという話が度々来ます。そんな時は、いつも損得勘定抜きで対応しています。常に誰かの役に立ちたいという心を持ち続け、それを信念に生きています。

⑬お人好し、脇の甘さ

ただ仕事面となると脇の甘さに通じ、失敗することもあります。その場合、先ほどの「反省」をもとに、失敗の原因を追求し、次は失敗しないよう誓います。そして、そこから発展・繁栄へとつなげます。

⑭氷山の水面下を大きくする

氷山というのは水面の上に出ている部分よりも水面下の部分の方が圧倒的に大きいものです。この部分を大きくすることによって、人間力がアップしていきます。中道をベースに本当の自分をコントロールすることで、氷山の水面下の部分を大きくしていくことができます。同時に成長している自分を発見できます。そして、人間力が必然的にアップしています。

⑮成功＝幸福

図〈本当の自分を発見する〉の一番上に「成功」と「幸福」を配置しました。私がイメージする成功とは、人生の最期、棺桶に入るときに「良い人生を送ることができた」と心底思えるかです。同時に、多くの人から「本当に素晴らしい人だった」と、感謝の思いがどれだけ多く伝わってくるかということです。さらには、神仏の目から見ても恥ずかしくない人生だったかどうかです。世のため、人のため、多くの人の幸福に寄与したかどうかも重要な評価ポイントといえます。そして、これが私の定義する「人生における勝利」となります。

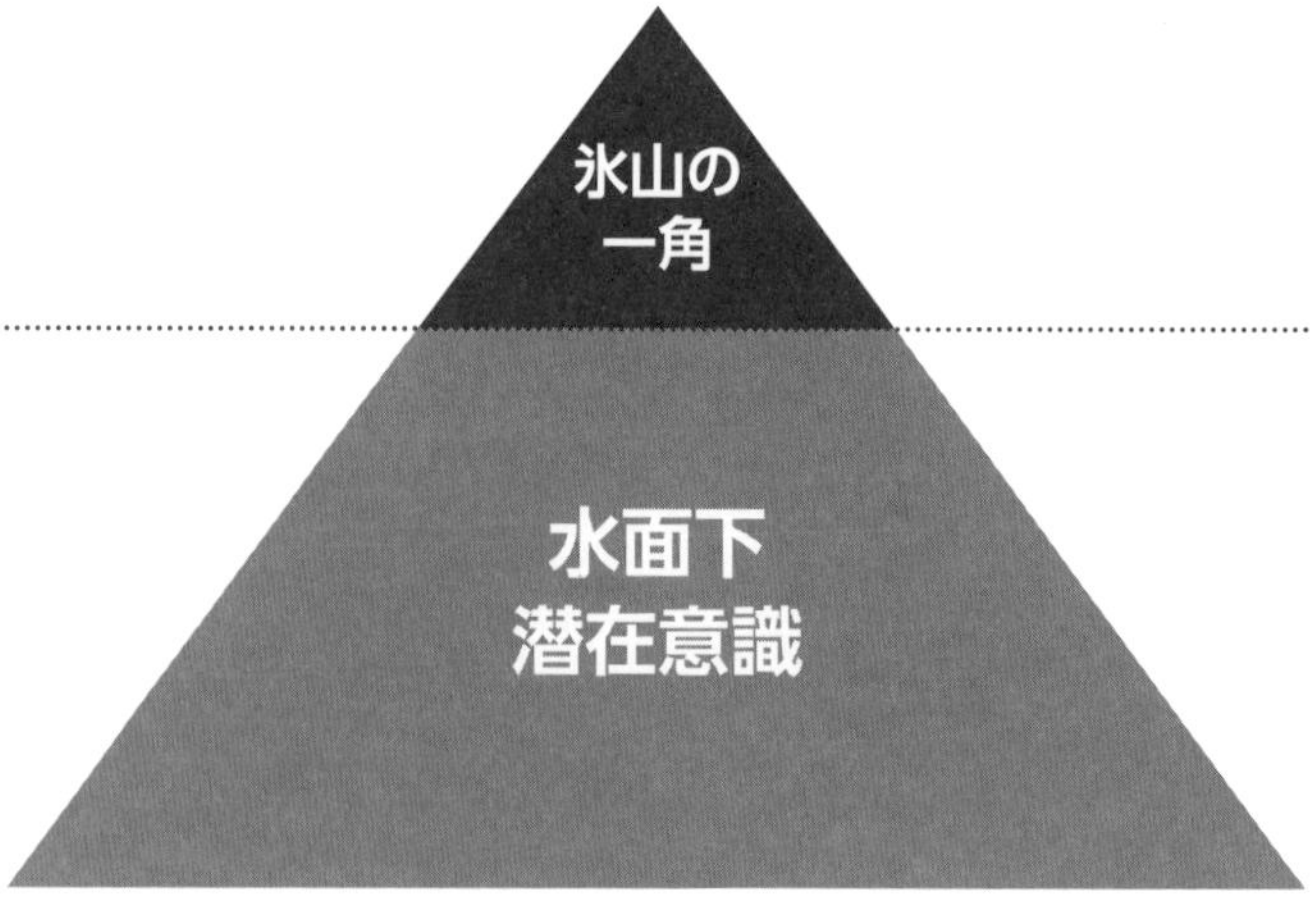

⑯最幸の楽しみ

最期、三途の川を渡るとき、向こう岸には母が手を振って待っています。三途の川を渡り切ると、母が近づいて来て、両手を広げて私に抱きついてきます。そして「のぶお！　よく頑張った！」と思い切り抱きしめてくれます。この時が私にとって至福の瞬間であり、最幸の楽しみです。だから母と再会したとき、常々と恥じないでいられる人生を送りたいと、いつも肝に銘じています。

2 人間力10倍アップの極意

《1》人生は一冊の問題集

①観の転回

無神論者だった頃、父に捨てられ、信じられるのは自分のみと思っていました。自分中心に世界が回っていました。しかし、神仏の存在を知ってからは、神仏の御心にかなう人間として成長し、「神仏の子としての自分」という考え方になりました。

②人間は生まれる前に、人生計画を立てる

人は、生まれる前に人生計画を立てるといわれます。どのような環境を選び、両親は誰にするのかを選択します。過去世のカルマ（業）の刈り取りを計画に

入れることもあります。私の場合、子宝に恵まれませんでした。しかし子供がいない分、自己投資と自己成長ができ、現在に至っています。そして私のミッションは、自分でも生涯現役人生を全うし、生涯現役社会をつくっていくことと受け止めています。私の70年以上の人生を振り返ったときに、まさに計画のとおりに生きてきたと実感しています。そして人生を全うしたら、帰天しあの世に還ります。その時、自分の人生をアーカシックレコードとして走馬燈のように一瞬のうちに視聴し、そして、何百年後かに生まれ変わります。永遠の転生輪廻の中で生きていることを理解し、人生の意義とは何かを認識するのでしょう。

Coffee Break

―　海外赴任前の人事部からのアドバイス　―

カナダ赴任前に、人事部からアドバイスを受けました。もし、カナダ人から「宗教は何を信仰しているか？と聞かれたら、仏教と答えるように」、そして「もし、無神論と答えたら、人間性を疑われるから」と言われました。

《2》人生の行動哲学「活私豊幸」に基づき、思い、行動する

滅私奉公という言葉があります。私心を捨て公のために尽くすということですが、そうではなく、活私＝私を活かしながら、豊幸＝人生の途上で出会った人をいかに豊かに幸福にできるか、と思いました。この時、私のベクトルが変わりました。それまでは自己中心的な生き方でした。一橋大学に現役合格し、三井物産に就職、順調に私の希望が叶い、海外勤務も実現し、順調に人生が進んでいきました。私自身、将来は三井物産の社長、少なくとも子会社の社長になろう、そして良い家に住んで、たくさんの友達ができて、いい人生を送っていきたいと思っていました。どちらかといえば自分中心の生き方でした。

《3》幸福の科学との出会いで人生観が180度変わる

①人生観、価値観が180度変わる

自分中心の生き方に修正がかかりました。そのきっかけとなったのは幸福の

科学との出会いでした。この教えに出会って、私の人生観が変わりました。

私が同団体に出会ったのは１９８８年1月のことでした。八重洲会という異業種交流会で出会った日本生命の法人部部長から紹介されました。当時は宗教団体ではなく真理を追究する学習団体でした。私は他人からきた話はいったん受け入れます。そして、疑問があれば、聞いて理解を深めます。そして、良ければそのまま続けるし、合わなければやめることにしています。

宗教に対する私の考えは、精神的な弱者や、いろいろなことに困った人が救いを求めるものという認識でした。独立心旺盛な私には、新興宗教など縁がないものと思っていました。同団体が宗教団体になったのは、１９９１年のことです。元来、無神論者だった私は同団体の宗教法人化に違和感を覚えました。しかし、その真理の教えには学ぶことが多くそのまま会員であり続けました。

②ふたつの新興宗教との出会い

幸福の科学に出会う前に、ふたつほど別の新興宗教を知人経由で紹介され、一応信者となりました。しかし、両教団とも私がイメージしていた新興宗教と変わらなかったので退会しました。

ひとつ目の新興宗教は、病気治癒の宗教で、日本神道系でした。千葉県野田市にある小さな宗教団体でしたが、隣人に熱心に誘われて、車に同乗して月1回程度参加していました。この宗教には教えがなく、毎回教祖の駄じゃれを皆、面白がって聴いていました。マンションの引っ越しを機に縁が切れました。

ふたつ目は、手かざしによる病気治癒の宗教でした。二人向き合って相手に手をかざします。私が最初に目にしたものは……、それまでおとなしかった年配の女性が、突然「おまえを殺してやる！」と相手に罵詈雑言を吐き始めたのです。その近くでは、若い信者が床を転がりながら何やらうめいていました。この教団では、それを正常化現象と見なし御利益があると称えています。私が手かざしをしても全く動かないので、信仰心が不足しているとたしなめられました。1年後に、新宿の書店で、高橋信次の『心の発見』という本を手にした時、同教団は邪教だと書いてありました。私はその教団の道場長に退会を申し出ました。すると道場長から「菅谷さん、あなたは教団を辞めたら地獄に墜ちますよ」と脅されました。同教団では御御霊《おみたま》というペンダントを大切にしていましたが、翌年の初詣の折、赤坂日枝神社に参拝し焼却処分しました。もちろん地獄に墜ちた感覚はなく、かえって邪教と縁が切れてすっきりしました。

　手かざし治癒は、イエス・キリストもやっていました。しかし、悟っていない者同士が手かざしをやれば、それは単に悪霊をお互いに飛ばし合いしているにすぎません。ごく初歩的な理屈ですが、当時の私は宗教に関しては無知だったので、手かざし治癒を、おかしいなと思いつつも一応受け入れていました。

③新興宗教と幸福の科学の決定的な違い

　その教団と縁を切った後、翌年1月に幸福の科学に入会を希望しました。入会に際しては条件がありました。同団体の書籍10冊を読み、その感想を提出し、論文試験に合格しなければなりません。入会試験があるのにびっくりしました。そして、論文提出の3カ月後、1989年4月1日に夫婦で入会しました。入会前に、ふたつの新興宗教を経験していたのであまりの違いに驚きました。当時同団体は宗教団体でなく、人生の大学院と称していましたが、まさにレベルが幼稚園と大学院くらいの差でした。

④人生は一冊の問題集

一番の違いは、人生を一冊の問題集と捉え、人はこの世とあの世を何度も何度も転生輪廻する存在であるという認識です。そしてどれだけ自己を高めたかによって、あの世に還るときの次元が異なり、その次元は4次元から9次元まであると教えられます。次元が高くなればなるほど、自分のことより利他主義に徹します。世のため人のためにどれだけ尽くしたかが帰天の際の最重要ポイントとなります。この教えにより、それまで自分中心に生きてきた人生のベクトルを修正しました。

仏教用語では、利自即利他、自分を利しながら他人も利するという意味です。利自即利他では堅いので、私は「活私豊幸」と造語しました。

それ以来、人生観が変わりました。自分の経験をいかに他人のために役立てるか、そういう人生を歩んでいきたいと想うようになりました。そして、死後の世界の存在を知ることで、死に対する恐怖がなくなりました。むしろ自分自身を一生涯磨き続け、自己成長することで霊格を高め、死後はより高次の世界へ還れる。そこでは、波長が合うより高次元の霊人との新たな出会いがある。

そう思うと、帰天することが楽しみになります。

⑤なぜ宗教戦争が起きるのか?

私も含めて多くの人が、なぜ宗教同士の戦争があるのか疑問を持っていると思います。そもそも、ユダヤ教、キリスト教、イスラム教は兄弟宗教であり、もとは同一神です。聖戦という概念はありますが、他民族や他国侵略のための戦争を認めてはいません。それは、時の権力者が勝手な解釈をしているに過ぎません。17世紀以降、欧州によるアジア、アフリカ、中南米の植民地支配が、キリスト教とセットで活発化しました。しかし「汝の隣人を愛せよ」と教えを説いたキリストは、こんな他国侵略など毛頭考えていませんでした。また、白人至上主義も、欧米人の勝手な考えです。だから、奴隷制度や人種差別がありました。

キリストは転生輪廻の教えも説きました。後のローマ教皇により死後の世界は説かれましたが、転生輪廻の教えは抜け落ちてしまいました。もし転生輪廻の教えが浸透していれば、宗教間の争いはなかったでしょう。例えば、イスラム教徒のサダム・フセインはキリスト教徒のブッシュ大統領に殺されました。このような場合、来世に生まれ変わる時、親子として生まれ、お互いにカルマの刈り取りをすることも考えられます。親子関係の中でいろいろな問題に遭遇することになるかもしれません。そして、あの世に還ったときに、初めてその秘密を知ることとなります。

幸福の科学は転生輪廻を明確に教えています。また、兄弟宗教であるユダヤ教、キリスト教、イスラム教の神様は全て同一神であり、アルファ神→エローヒム神、そしてエル・カンターレとして地上に下生しています。

エル・カンターレは、3億3千万年ぶりに地球に地球神主エル・カンターレ、大川隆法師として下生し、宗教観の争い、中共問題、宇宙人の地球征服問題等、地球上の諸問題解決に全力投球で当たっています。現在の世界情勢を見ると終末的な様相を呈していますが、救世主はこのような地球的危機の時代に降臨することになっています。

師は海外説法に頻繁に出かけます。その説法に現地の人が集まり、説法を初めて聴いた人は、それまで信仰してきた宗教との違いを認識し、救世主の存在をハートで受け止め、すぐに信者になるそうです。だからこそ、海外でも急速に伝わり、現在約200カ国ほどに布教所があります。この教えがさらに多くの人に浸透していけば、必然的に世界から戦争がなくなっていくことでしょう。

《4》ふたつの色眼鏡と闘う

私の所には公私ともにいろいろな話が持ち込まれます。基本的な姿勢として、まずいったん受け止め疑問を持ったら質問します。しかし、世間では素直に受け止めず色眼鏡で見る人が大多数です。特に宗教とMLMに関しては、色眼鏡で見る人が多いのに驚かされます。

①宗教

私もかつては無神論者でしたので、宗教に偏見を持つ人の気持ちは理解できます。しかし、宗教、特に新興宗教に関しては玉石混交です。中にはオウム真理教のようなひどい邪教すら出てきます。実は、オウム真理教は宗教を騙ったテロ集団だと訴えたのは幸福の科学でしたが、警察はさすがに宗教がテロ集団とは思っていなかったようで、「公証役場事務長監禁致死事件（被害者仮谷清志さん）」での初動捜査に遅れが出ました。

日本人に無神論者が多いのは、終戦直後に米国占領軍GHQが戦前の日本の精神的主柱である神道に恐れをなして、戦前の宗教教育を徹底的に否定し、宗教はよくないという洗脳教育をした影響から抜け出せていないからです。私もその被害者の一人でしたが、無神論は間違いであることに気づきました。日本では、高学歴のビジネスパーソンですら「私は無神論者です」と公然と言い放ち、平然としている人が多いようです。もし、海外で「私は無神論者です」と発言したら、それは「私は獣と同じです」と言っているようなものです。本人に直接注意はしないでしょうが、当然軽蔑の眼差しを向けるでしょう。

善い宗教と悪い宗教の見極め方は、心の教えの有無です。次に、その教えに基づいて、本人の人格、人間性、人間力がアップしているかどうかがチェックポイントと言えます。なお、宗教で死後の世界を説いていなかったら、宗教とは言えません。最近、仏教の僧侶や仏教学者で、死後の世界を否定する人が結構いません。仏教から死後の世界を取ってしまえばこれは倫理の世界です。

仏教用語で「引導を渡す」というは、死後への旅立ちを誘導することです。これを理解しないでお経を唱えている僧侶は、単なる商売人でしょう。こういう仏教の基本を理解していない僧侶や宗教学者は、死後、地獄へと墜ちて反省を求められます。葬式にはお通夜があります。これは死後、霊子線が本人の肉体から離れていく時間を考慮しているのです。霊子線が切り離される前に火葬場で肉体を焼いたら、本人は霊的に業火の炎で焼かれたのと同じ苦しみを味わいます。

②ＭＬＭ

コロナ禍の大激変の時代、私は個人が経済的に豊かになる手段として、ＭＬＭは最適なビジネス・モデルであると思っています。ただし、ＭＬＭも玉石混交です。ＭＬＭに対する知識と経験がないまま、怪しい話に引っかかって損をする被害者が後を絶ちません。ですからＭＬＭを敬遠する気持ちは分かります。

しかし、人生１００年時代、政府の社会保障制度が今後さらに立ち行かなくなることが予想されるので、「自分の生活は自分で守る」という基本に立ち返り、良いＭＬＭを選択することが極めて重要です。そして、信頼できるＭＬＭ経験者の意見を聴くのがポイントです。

正しいＭＬＭの話を聞いた後、社会経験豊富なビジネスパーソンの中にも、「結局これってネズミ講でしょ？」と反応する人が結構います。ネズミ講は違法です。経験豊富なビジネスパーソンが、そのような幼稚な質問をするとは、その人の見識が問われているということに気づいていないのでしょうか？　なお詳細は、拙著『生涯現役社会が日本を救う！』（平成出版）の第３章「生涯現役人生を生き抜くための最強のビジネス・モデル」を参照してください。

《5》MVP人生を生きる

①高校2年生の時に将来の志を立てる

ＭＶＰとは私の造語で、Ｍ＝ミッション（使命感）、Ｖ＝ビジョン（未来図、構想）、Ｐ＝パッション（情熱、熱意）のことです。私が初めてＭＶＰ人生を生きようと思ったのは、高校2年生の時でした。日本は資源小国、だから貿易立国が発展・繁栄には必要不可欠。そのために、将来、世界を股にかけるビジネスマンになりたいと思い、貿易商社に勤務しようと決めました。

そして大学はどこがいいのかと調べたら、一橋大学の商学部がベストという結論が出ました。パッションがあったので合格に向けて脇目も振らず受験勉強に集中できたのです。

②現在のMVP

還暦を迎えた時に、ＭＶＰの内容も軌道修正しました。人生の折り返し地点だと考えて、残りの半生は、世のため、人のためになるような人生を送りたいと思いました。

ミッション。これは自分の経験、三井物産時代、ベンチャー起業家時代、今まで歩んできた多様な人生。その中で培ってきた経験を中心にして世の中の役に立ちたいと考えています。日本を明るく元気にするベンチャー企業をどんどん輩出していくことが重要です。私が１９８７年6月に設立したもしもしホットラインは、通信の自由化の波に乗り、業績は急拡大し、東証一部に上場、年商1280億円、従業員数3万人という大企業に成長しました。もし、同規模の会社が10社できたら、それだけでも30万人の雇用機会が創出されることになります。

政府の政策の失敗で、平成時代30年間はゼロ成長が続きました。令和の新時代になっても、相変わらず政策の失敗、すなわち間違ったコロナ禍対策と地球温暖化対策により、今後も経済の足を引っ張り、ゼロ成長が続くことでしょう。今一番求められているのは、経済を活性化して、雇用を増やすことです。

私の経験を活かし、ベンチャー起業家の支援をし、成功者の輩出を促すことが、活性化のためのひとつの手段であると考えます。

三井物産を早期退職してから25年間、18社に数千万円を投資してきました。うち1社は上場しました。このミッション、すなわち使命感、何よりもビジョンを達成したいという想いから、情熱と熱意が湧いてきます。これが私の描くMVPであり「活私豊幸」の人生です。

《6》人間力アップの基礎：3KS《サンクス》（感謝・謙虚謝・寛大、素直さ）＋H（反省）

「３ＫＳ」は私の造語です。私の書籍には毎回出てきます。極めて重要な概念なので、今回も「人間力」という切り口でまとめておきます。

①1番目のK、感謝の心

３Ｋの心の中でも一番大切なのが感謝の心です。人間は自分ひとりで生きていくことはできないわけです。だから自分の周りの人に感謝する心をいつも持っていることが非常に重要だと思います。筆文字で「戒＝感謝行」と書き、机の前の壁に貼り、いつでも見られるようにしています。

②2番目のK、謙虚

人は成功していくと、謙虚な心を失いがちです。天狗になったその時点で、転落が始まります。

私はもしもしホットラインの大成功で自信を持ちました。しかし、この自信が増上慢になっていきました。三井物産の情報通信事業部に戻り、新規事業の責任者になったときのことを今振り返ってみると、天狗になっていた自分が発見できます。

新事業は失敗の連続でした。そこから転落が始まります。失敗の原因は、調査不足、知識力の不足等でした。三井物産の看板と自分の根拠のない自信が新規事業の推進力となっていました。しかし、その失敗体験が、現在の中小・ベンチャー企業の経営コンサルタントの貴重な経験となっています。

③3番目のK、寛大

もしもホットラインを設立した時、同社は様々な人材の集合体でした。三井物産からの出向組とテレマーケティングの経験者と一般採用、そして新卒といろいろな人間が集まってきました。能力も性格も本当に違います。物産の頃は同じカルチャーでしたが、今度は全く違ったカルチャーで人間関係を調整することになり、非常に苦労した覚えがあります。慣れてくると、それぞれ違った考え方を受け入れることができるようになってきます。そして、寛大な心が生まれ、新しい器ができあがっていきました。

④S、素直な心

この素直な心を持つことは非常に難しいです。素直さを失ったときに人間の成長は止まります。人間は歳をとるにつれ自分の経験でしか物事を見ないようになります。人生数十年の経験は大海の一滴にも満たないのです。自分より目下の者や異性からも学ぶことがたくさんあります。この気持ちを失わない限り、まだまだ成長できます。この気持ちを失ったときに成長が止まります。

⑤反省からの発展

反省とは決してマイナスのイメージではありません。私は、入浴時や寝る時に今日あったこと、自分自身の行いに間違いはなかったのか、誰かに迷惑をかけてないか、何かいけないことをしなかったかを振り返ります。もし、発見したら、その場で修正します。相手に対し、心の中でお詫びします。そして明日に持ち越さないようにしています。言葉に出した方がいい場合には、翌日お詫

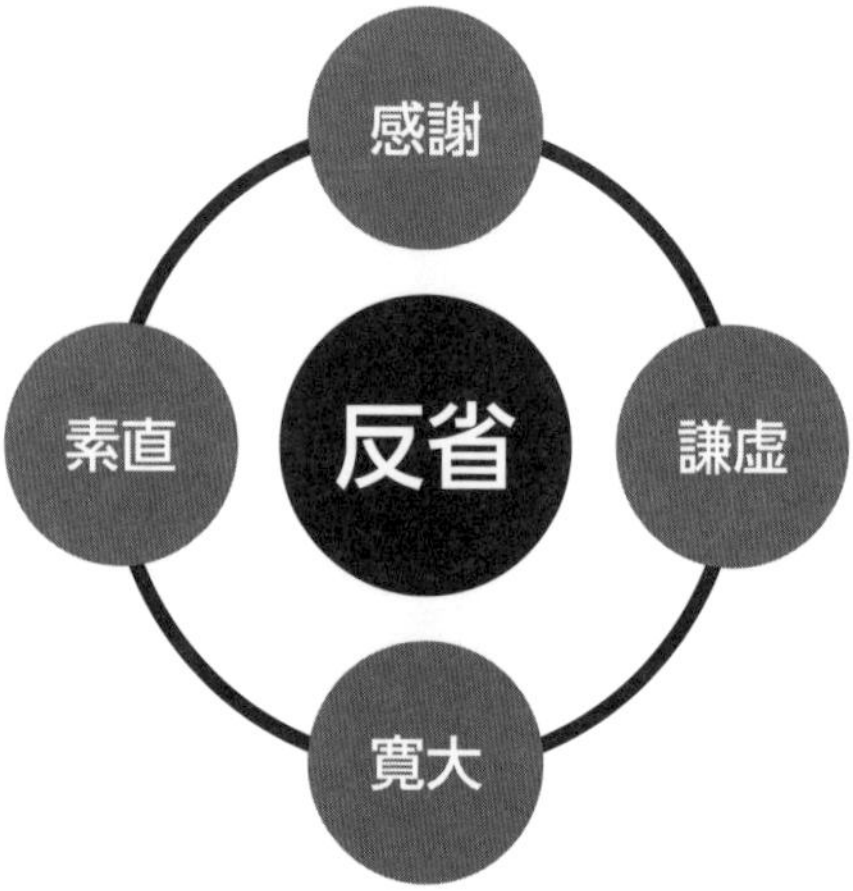

びしたりします。それから良いことをした場合には、相手の笑顔を思い浮かべます。その瞬間、自分も幸福感を味わえます。

仏教の教えで縁起の法があります。善因善果、因果応報ともいいます。よい種をまけばよい芽が出てくる。悪い種をまけば悪い芽が出てくる。ですから今日も一日よい種をまいたかどうかをチェックします。そのまいた種がどのように出てくるのかということも見てみます。これを軌道修正することで、自分自身の人間力もアップするといえます。反省とは消極的なものではなく、積極的なものなのです。ですから、ここでは反省からの発展と書きました。反省とは自分自身を高めるための極めて積極的なツールといえます。

《7》感謝の発展5段階説

これも私の造語です。感謝には段階があります。人生を生きていくと、感謝にも時系列的に段階があることに気づきます。これを私は5段階に分けました。

①第1段階の感謝

第1段階の感謝は自分の友達や恩師等への感謝、要は周りの人から非常に親切にしていただいたことに対する感謝です。

②第2段階の感謝

第1段階の感謝は自分が選択せずに与えられた環境です。第2の段階は自分が選んだ環境です。多くの人は企業に就職し各職場に配属されます。第2段階になると、好き嫌いだけではやっていけない段階になります。例えば職場の同僚、上司、取引先などに親切にしてもらった経験があると思います。そういったことへの感謝を第2段階の感謝と定義しています。

③第3段階の感謝

第3段階の感謝は親や家族や兄弟への感謝です。ここでの感謝は第1段階の感謝と同じではないかと思うかもしれませんが、親や家族、兄弟は親切にしてくれて当たり前、親だからやって当たり前だと子供の時は思っています。しかし、自分が学校を卒業して、勤めるようになってから、初めて親のありがたみが分かるようになります。また、結婚の時に親に対する感謝の気持ちが湧いてきます。今まで当たり前と思っていたことが、時間が経って考えてみれば、両親は自分のためにどれだけ苦労してきてくれたのか、愛情を注いでくれたのかが分かるようになります。さらに子供が生まれると、親の大変さが身にしみて分かります。そして、自分を産んでくれた親に自然と感謝するようになります。よく結婚して半人前、子供ができて一人前といわれる所以です。生涯独身で通す人も最近増えていますが、人間力を鍛える意味ではそれだけ鍛える材料が少なくなります。また、父が家出から10年ぶりに帰ってきたとき、妹は高校に通いながら、家事と家計の切り盛りをしていました。今思うと本当によくやってくれたと感謝しています。その意味で妹のことは一生涯大切にしていきたいと思っています。もちろん妻に対しても、結婚して以来、長年私のことを健康面、仕事面で陰ながら支えてきてくれたので、いつもいつも感謝しており、やはり一生涯大切にしていきたいと思っています。

親や兄弟への感謝は、本来一番目ではないかと思えますが、感謝という切り口で捉えれば、第３段階の感謝であると私は定義します。また、普段当たり前と思っている存在、例えば電気、ガス、水道、トイレなどはいざ使えなくなるとそのありがたみが分かります。なので何事も当たり前と思わずに感謝をすることが大切です。

④第４段階の感謝

第４段階の感謝は、時を越えてこれまでの人生で出会った人への感謝です。例えば、職場でもそうですし、人事異動で転勤すれば必ず出会いがあります。三井物産の新規事業の責任者だった頃を振り返ると、管理部門の担当者の反対を押し切って、強引に進めていた自分が見えてきました。結構失敗もありました。当時は反対する管理部門の人たちを邪魔に思っていました。ところが今になって考えてみると、彼らは自分の気づかないところ、弱いところを指摘してくれていたことに気づかされます。あの時はムッとしましたが、今となっては感謝の気持ちに変わっています。自分の至らないところを指摘してくださりありがとうございますという気持ちになります。

一方、過去に騙され、詐欺にも遭いました。当然、不愉快な思いをしました。私の性格は非常に誠実かつ真面目で、人のためにといつも考えていますが、世の中にはその性格を逆手に取って、最初から騙そうする人もいます。今になってみれば、要は私自身が甘かったのだと理解し、脇の甘いところを反省させられました。私を鍛えるために、世の中そんなに甘くないということを、知らしめてくれている、そういう砥石のような役割をしてくれている存在だったと気づきます。彼らは、私を鍛えてくれる観世音菩薩とも思えてきます。こうなると自分のことを騙した人や詐欺師にですら、感謝の気持ちが湧いてくるのです。

⑤第5段階の感謝

第5段階の感謝は神仏への感謝です。還暦を過ぎると自ずとそういうことに気づきます。１歳の時に麻疹にかかり九死に一生を得ました。祖父が治療費を出してくれたのです。でなければ私は死んでいました。５歳の時に母親が病気で他界し、その翌年、父親が家出してしまいました。子供時代は波乱万丈でした。生家はもともと裕福でした。もし父親の家業が倒産しなかったら、非常にお人好しな性格で、親のすねかじりで、自立心のない子供に育っていたかもしれません。しかし、両親を失い、６歳の時に１歳下の妹と母方の実家に預けられました。こういう過酷な人生だったので、独立心旺盛な性格になりました。普通、子供時代において、このような経験をすることはなかなかないでしょう。私の人格・人間形成に大きく影響しています。

私は物事を絶えずプラスに考えています。人と変わった人生を歩んでいるということは、生まれる前に、こういう親・環境を選んで、今回の人生を計画したのだということに気づかされます。自分の魂を鍛えるためにこの人生を選んだのだと思えると、父親に対しても寛大な気持ちになれます。彼を選んだのは私ですから、この父親に対しても感謝が生まれてきます。

人との出会いは、今生を歩むうえであらかじめ自身の人生計画に織り込まれているということになります。自分自身の魂を鍛えるため、様々な出会いを繰り返しながら生きていくのです。人生の途上で出会ってきた人々、事件、事故、失敗、挫折、成功、これらは全て自分の魂を鍛えるためのツールです。菅谷信雄という人生ドラマを成り立たせるための重要なファクターなのです。それを上で操っている存在は？と問われれば、当然神仏であるという答えに行き着きます。神仏に対する感謝の気持ちが湧いてきます。自分自身の魂を磨いてあの世に還ります。そして、また生まれ変わってくるときは、人生に新たな課題と計画をもって生まれてくるのです。

常に人生の計画とテーマをもって生まれてくることに気づくと、自分は魂を磨くために今を生きている、そこに神仏の慈悲や御業があるのです。神仏に感謝し永遠なる旅をしていくなかで、最大の自己実現とは何か、それは、神仏の念《おも》いを実現することであるといえるでしょう。完璧な存在である神仏に向かって、一歩一歩着実に前進していくのです。最期、棺桶に入るその時、今回の人生は自信をもって送ってきたと、神仏に胸を張って報告できれば幸いです。このような心がけで人生を歩んでいると、感謝には段階があると再認識できます。

そしてこの感謝の思いが深ければ深いほど、人間力がアップしていくのです。

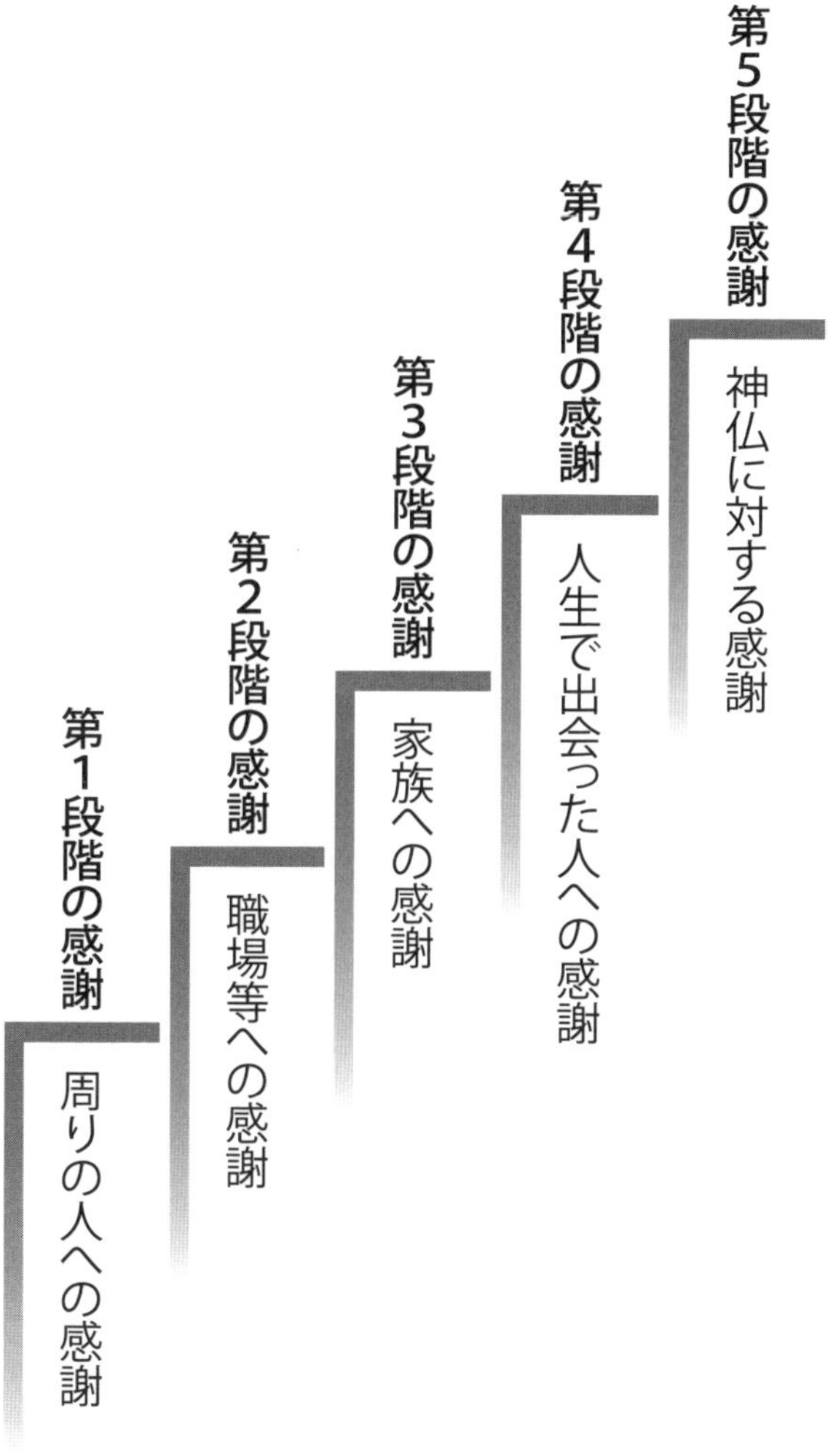

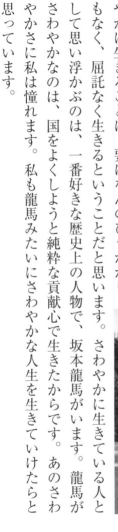

《8》「さしすせそ」で人生を生きる

①「さしすせそ」の「さ」とは

「さしすせそ」の「さ」は、さわやかに生きるです。屈託なく生きると似ています。さわやかに生きることは、要はなんのひっかかりもなく、屈託なく生きるということだと思います。さわやかに生きている人として思い浮かぶのは、一番好きな歴史上の人物で、坂本龍馬がいます。龍馬がさわやかなのは、国をよくしようと純粋な貢献心で生きたからです。あのさわやかさに私は憧れます。私も龍馬みたいにさわやかな人生を生きていけたらと思っています。

②「さしすせそ」の「し」とは

次に「さしすせそ」の「し」は、信仰心をベースに生きることです。信仰心がベースにあると、ぶれない自分をつくっていけます。先ほど、永遠の今を生きるといいました。感謝の発展5段階で神仏に関して触れましたが、信仰心をベースに生きるということは神仏の存在を信じ、神仏に近づこうという気持ちです。神仏とは完璧で完全無欠ですが、それを目指して生きていくことで、人生がしっかりと地に足がついたものになります。これは人間力を築いていく上でも重要なベースです。この信仰心のあるなしによって、しっかり地に足がついた人間力なのか判明します。氷山の水面下を鍛えると述べましたが、これも信仰心がなければ築いていけません。砂上の楼閣になる恐れもあります。「成功＝幸福？」とも記しましたが、信仰心がベースになかったら、真の成功を勝ち取ることはできないと考えます。信仰心があるから幸福になれると思っています。

③「さしすせそ」の「す」とは

「さしすせそ」の「す」は素直な心です。この心があるから、いくつになっても自分自身を向上させることができ、学びがあり成長の喜びがあると思います。何よりも素直な心が大事です。

④「さしすせそ」の「せ」とは

「さしすせそ」の「せ」は、誠実さです。本当の自分の項でも解説しましたが、全ての基本は誠実さです。誠実さは大切です。誠実な人生を生きていけば、よい人間関係を築けます。逆に不誠実な人は、恨んだり、騙したり、嘘をついたり、無責任だったりします。こういう人は当然人間力はアップしません。一時的に成功したと思えても、それは真の成功にはつながりません。

⑤「さしすせそ」の「そ」とは

最後に「さしすせそ」の「そ」は、尊敬の気持ちです。出会った人、人生皆師。性別、年齢関係なく人生皆師です。常にそう思っていると素直な気持ちで人に接し学ぶことができます。そして自身を向上させることができます。

感謝の発展5段階4の番目で解説しましたが、過去に嫌な思いをしたり、だまされたり、ケチをつけられたり、裏切られたり、その時は非常に嫌な思いをしますが、そういった相手にでさえ、感謝の気持ちを持てるようになります。彼らが魂を磨いてくれる砥石の役割をしてくれたと考えれば、感謝の気持ちが

さ	さわやかに生きる
し	信仰心をベースに生きる
す	素直な心
せ	誠実さ
そ	尊敬の気持ちを持つ

湧いてきます。そして、その人たちに尊敬の気持ちを持つことができます。

解説も締めくくりになりますが、このように人生を生きれば、年齢がいっても人間力は向上します。歳をとって頑固になり、人の話を聞けないようになって、生きていることが人の迷惑であるような人間、もし私がそのような人間になってしまったときは、潔くあの世に還るという心構えです。

以上で8つの切り口で述べてきましたが、これを実践していくことで、人間力は10倍どころか100倍ぐらいになると思います。まだまだ自分も未熟な人間ですし、さらに人間力をアップできる余地が十分にあると思っています。謙虚な気持ちであり続けることは大切です。これ以上学ぶことがないと思ったとき、傲慢な気持ちになったときに、転落が始まります。そのことを忘れないで生きています。

《9》「人間力」と「思考力」の関係

これまで私は、プロの経営コンサルタントである大前研一氏の著書を中心に「思考力」関連の文献を読んできました。これらの「思考力」は、あくまでもビジネスパーソンとして一流の「思考力」を身につけるノウハウでした。しかし、私の説く「思考力」は、これに「人間力」を加えています。まず一個人の視点で世の中をよくしていくには、と考えます。利害にとらわれていない公平な視点、さらに、一歩進めて神仏の視点で捉えます。神仏の視点では「思考力」と「人間力」は同時にアップします。その結果、自己成長でき幸福も味わいます。それが私の考える成功と幸福を足した「成幸」です。「人生に勝利する方程式」と定義しています。現在推進中のユートピア館事業も採算は当然考えますが、いかに世の中の役に立つかが最重要です。金儲けだけなら晩年に全力投球する意味がありません。居住者と喜びを分かち合える、そういうシェアハウス事業を展開していきたいと考えています。

《10》人間力10倍アップの総括

本章の締めくくりとして、再度「人間力10倍アップの総括」をしてみたいと思います。

①本当の自分を知り、自己をコントロールして人間力をアップする

本テーマに関しては、「本当の自分を知り、本当の自分に忠実に生きることで人間性を取り戻す」で詳細を述べています。

人間力がアップした事例をひとつ紹介します。三井物産在職中の私は、目標に向かって全力投球し、ノルマ達成のため猪突猛進に突き進んでいました。ギラギラとしたイメージだったことでしょう。

一方、現在私は、ふたつの大きな夢である「東京湾沿いに77mの大エル・カンターレ仏建立」と「ユートピア館1万棟建設」に向けて全力投球しています。「社会貢献、世のため人のため」という理念で活動しているので、キラキラというイメージになっているのではないでしょうか。なお、大エル・カンターレ仏

建立とユートピア館に関しては、ページ数の制約で、今回は省略します。別の機会にそれぞれ出版を考えています。

「なぜそこまでエネルギッシュに活動できるのか」とよく聞かれます。それは限りない信仰心がベースにあるからです。主のお役に立つような人間となりたいという想い、信仰心が深まれば深まるほど、世のため人のためという気持ちが湧いてきます。世の中を変えていく力が湧き上がるのです。そして、ノルマから解放された私は、本当の自分に忠実に生きることができています。他人の喜ぶ姿を見て我が喜びとすることができます。これが理由の全てです。

②限りなく優しくあれ

本当の自分は「純粋」と述べました。純粋であるからこそ誠実な行動につながります。そこに優しさが見いだされます。これが私の純金の部分に当たると考えています。この純金の部分を、さらに磨き続けて「人間力」をアップしていきたいと思っています。幸福の科学の教えに出会ったときと比べれば、自己中心的な自分から世の中に役立つ自分に切り替えることで、優しさの部分は10

倍程度になっていると思います。そして、信仰心が深まるにつれ、いつも心穏やかで少々のことでは心が波立たない、ぶれない自分づくりができるようになりました。そのひとつの尺度として「心の透明感」があります。心の中を他人に見られたとき、その心の壁がガラス張りでたとえ丸見えでも、清らかな水のように澄んでいて恥ずかしくないかということです。そして、歳をとるにつれその透明度が増していることがポイントなのです。

③正しい死生観を持つ

無宗教時代の私は当然無神論者であり、死んだら当然死体は灰となり、何もかも終わりという認識でした。しかし、それは誤りであることが分かりました。死後の世界は確実に存在し、死後は、生前の行いや心境によって、各自の次元に合った世界へと還っていきます。生前、無神論者だった人は死後地獄へと墜ちます。この世でいくら出世しても、大金持ちだったとしても、自分のことしか考えていない人は地獄行きとなります。拝金論者も地獄行きです。こちらも天国と同じで、その人の心境と次元に応じた地獄へと墜ちていきます。

大川隆法師の霊査によると、資本論を書いたマルクスは間違った教えを世界中に広めたという罪で、地獄の深部である孤独地獄で今でも苦しんでいます。無神論の共産主義者は原則地獄へと墜ちていきます。同様に、進化論を唱えたダーウィンも間違った説を唱えた罪で、地獄で深く反省させられています。人間を創ったのは神であり、猿から進化したのでは断じてありません。進化論が間違った説であることを世界の大半の人が認められるようになったとき、ダーウィンは天国に還ることになるでしょう。また、邪教の教祖も間違った教えを流布した罪で地獄行きです。オウム真理教の教祖麻原彰晃も今頃地獄で深く反省を求められていると思います。

④幸福の科学とは

幸福の科学は極めて寛容な宗教です。間違った宗教の中には、退会しようとすると執拗な嫌がらせをする宗教も多々あると聞いています。しかし、同教団の場合、入会も退会も自由です。他宗教との掛け持ちも認められています。

そのため、キリスト教や仏教、イスラム教と掛け持ちで同教団に入会する人も多数います。そして、その教えを深く理解するようになると、同教団に軸足を移すようになります。また、他の宗教の経典や書籍を読むのも自由です。読み比べて、その教えの違いを理解し、学びが深まるにつれて、同教団に切り替わっていきます。

⑤仏法真理の書籍

幸福の科学の書籍のことを仏法真理の書籍といい、創立者の大川隆法師が40年前大悟してから3000冊近い書籍を発刊しています。これだけでも人間離れしています。そのうちの9割は初期に書かれた理論書で、膨大な理論体系としてまとまっています。その後の書籍は、初期の理論書を基に、混迷混沌とした現在の世界をどのように生きていけばいいのかを解説しています。なお、初期は、宇宙関連の理論を明確に説き切っていないので、新たな理論体系として最近強化しています。宇宙銀河には様々な惑星が存在し宇宙人も多数存在します。各惑星のリーダーとなる神や宇宙人とのコンタクトも頻繁に行い書籍化しています。これも世界史上初の試みです。一方、イエス・キリスト、釈迦、マホメット、孔子、ソクラテスをはじめ、古今東西の歴史上の偉人、さらには現代人に至るまで、そのコンタクトの数は1000名近くにも及びます。彼らの考えは必ずしも全て師の見解と一致するものではありませんが、あの世の世界の証明として公開しています。なお、現在生きている現代人は、安倍前首相、習近平国家主席、トランプ前大統領、プーチン大統領等、多種多様多彩です。

守護霊との対話を中心とした霊界通信ですが、これも世界初の試みです。守護霊は、本人の潜在意識部分を指し、本音部分といえます。当の本人が必ずしも本音通りに行動するかどうか分かりませんが、その通り行動することも多々あります。習近平国家主席の場合、国家主席就任前はおとなしいイメージでした。しかし、彼はチンギスハンの生まれ変わりであり、世界皇帝を目指すと霊界通信で明快に語りました。そして、その霊界通信の通り現在動いています。

よくゴーストライターが書いていると揶揄している人を見かけます。その誤解を解くために、師は毎回公開霊言形式をとり、希望者は拝聴できる仕組みをつくっています。霊言の内容を読むと、霊人のかなり個人的な出来事に立ち入っているので、ゴーストライターがいくらその霊人の勉強をしても書けない内容です。やはり疑うより「知らないことを知る」ことの方が大切と考えます。

お薦めの経典は、初期基本3部作である『太陽の法』『黄金の法』『永遠の法』です。この3部作は教祖大川隆法師が30代前半の頃に天からの啓示を受けて書き記した本です。その年代で書いた内容には到底思えません。

『太陽の法』は、地球誕生秘史、人類の秘史、そして愛の発展段階説を中心に書かれた幸福の科学の最重要根本経典ですが、33年前に同書を初めて読んだとき、読み物としては大変興味をそそられました。しかし、正直半信半疑でした。その後、改定版も出版されましたが、中核部分は決してぶれていません。現在の感想は、人間業で書かれたものではなく、人智を超えた人類への、最大で最強、そして最幸のプレゼントと認識しています。私の人生観、価値観を変えた書といえます。

『黄金の法』は、地球神主エル・カンターレの視点で捉えた無限の過去から無限の未来を、天からの啓示を受けて書いた最高峰の歴史書であり、救世主でないと書けない内容といえます。

『永遠の法』は、あの世の世界の次元構造を4次元から9次元の世界まで明確に解き明かした主エル・カンターレの世界観を著しています。本書も救世主でないと書けない内容といえます。

次に『仏陀再誕』がお薦めです。釈迦伝説で、釈迦入滅後の２５００年、東の国に仏陀が再誕するという内容です。その再誕の仏陀が大川隆法師です。同書の内容は、再誕の仏陀でないと書けないような内容となっています。師は、インドで説法したことがありますが、現地大手のＴＶや新聞では「再誕の仏陀講演会」と紹介し、講演会に参加した人の多くは再誕の仏陀を信じて、幸福の科学の信者となりました。

ビジネス書としては『常勝思考』がお薦めです。長い人生を生きていく中で、様々な挫折と困難を体験します。その挫折と困難の中から学ぶことが多いですが、同書は成功の時も、挫折の時からも大きな学びがあると教えています。

その他、幸福の科学の教えの内容は、宗教、哲学以外にも、経営、ビジネス、政治、教育、芸術など多方面に及ぶので、仏法真理をベースに学んでいくだけで自己成長し、人格が向上し、そして「人間力」がアップしていきます。

⑥来世の夢

私は意外と学者肌であるようです。一橋大学商学部恩師田内幸一先生（マーケティング専攻）は、私を後任に考えていたようです。周りのゼミテンも同様に思っていて、私が三井物産に内定したことを知ると驚いたようです。ですから来世では、幸福の科学学園とハッピー・サイエンス・ユニバーシティで学んでみたいと思います。

幸福の科学学園（栃木県・那須にある中高一貫校）の父兄参観日に、授業風景を拝見しました。信仰心がベースにある学園生は、皆純粋で素晴らしいの一言でした。ゲームに興じる代わりに、仏法真理の教学を徹底的に学びます。いじめの問題など存在しません。宗教と勉強だけではなく文武両道です。同校のチアダンス部は全国一になったほどの実力です。また、野球部他運動部も有力校となっています。

千葉県・長生村にあるハッピー・サイエンス・ユニバーシティの実力は東大以上です。東大合格者がその合格を蹴って入学するほどです。彼らの４年間は、信仰心をベースに「世のため人のため」の学びに費やされます。残念ながら下村文科相には大学認可を却下されました。その理由は、幸福の科学の霊言集を教科書としているから、ということでした。したがって、同大学卒業生は当初大卒として認められませんでした。しかし、その後各企業は、同大学卒業生の実力を知り、現在では大卒と同等と認め、その数は年々増加しています。

時を遡って、もし私が同大学の卒業生だったら、事業家として、世の困窮を解決するビジネス展開を考えてたでしょう。同時に幸福実現党に入党し、世の改善のために、その政治勢力の一員として活躍していたことでしょう。

坂本龍馬のように、社会変革・改革のために縦横無尽に世の中を駆け抜けていきたいです。そして、日本および世界をよくしていく力になりたいと思っています。また、一方でハッピー・サイエンス・ユニバーシティの学長就任も夢のひとつです。現在の教育制度は自虐史観のため、日本の将来に夢を持てない子どもが多くいます。彼らに日本人の素晴らしさを伝え、信仰をベースに、夢と希望のある人生を歩めるよう導きたいです。通常の生まれ変わりは300年程度ですが、来世はそのペースを早めて、私の帰天後、数年で生まれ変わりができるよう天国の担当部署にお願いしようと考えています。

第3章

「健康力」10倍アップの極意

大激変の時代を生き抜く3つ目のパワー

1 予防医学の実践で、年齢に関係なく「健康力」が格段にアップ

《1》健康に無頓着だった若い頃

①大学受験の頃

大学受験の頃が最も体調が悪く、特に胃腸が弱っていました。父が製薬会社に勤務していたので、薬が無料で手に入りました。近くの医者に胃腸薬を常用しても大丈夫かと尋ねると「副作用がないので浴びるほど飲んでも大丈夫」とのアドバイスを受けました。そこで、毎日3～4種類の胃腸薬をどんぶり一杯服用していました。その結果、薬依存体質になってしまいました。

②大学生の頃

大学に入学してから、薬を断つ決意をしました。最初は大変で、食事をする

とすぐに下痢をしていました。しかし、３～６カ月ほどで薬依存から抜け出すことができました。以来、薬はできるだけ飲まないようにしています。テレビで胃腸薬のＣＭをやっていますが、飲み過ぎたら酒を控えればいいわけです。

③朝日洋上大学生として新聞を朝夕1年間配達

大学１年生の時に朝日洋上大学に参加しました。朝夕１年間新聞配達をすると米国に行けるという制度でした。当時、渡米はまだ夢の時代でした。その夢を叶えるために新聞配達をしました。毎朝４時起きして専売所に行き、３００部程度の新聞に広告チラシを１時間程度かけてセットし配達に出かけます。

当時は自転車で配達していました。配達時間は２時間15分程度。夕刊はチラシがないので、１時間15分程度の配達時間です。

朝早く起きることは健康に良いということは社会人になって知りました。また、１日３時間半自転車で配達することで足腰の筋力が鍛えられました。ですから、この時期が生涯を通じて一番健康でした。

④三井物産に就職してから

商社マンは、深夜遅くまで働くエコノミック・アニマルの先兵というイメージです。４年目に国内の鉄鋼営業に異動してからは、日々残業か接待で、そして麻雀に興じていました。当然土日は朝寝坊し、体力回復にひたすら努めていました。極めて不健康な生活を送っていたので、冬は風邪をひきやすく、夏は夏バテしていました。

⑤転機となった人間ドックの検査結果

カナダからの帰国時、私は35歳でした。三井物産では、35歳以上は福利厚生の一環で、人間ドック受診を義務づけていました。初めての人間ドックで、私の尿酸値は７・９。もう少し高いと痛風になると警告されました。

食事に気を使い、妻の協力を得て値は正常値に戻りました。今でもその値を維持しています。

《2》還暦、古希になっても、若い頃の体形のまま健康を維持する秘訣

46歳の時、サプリメントとスキンケアのＭＬＭに出会いました。そこで予防医学の重要性を学びました。還暦、古希になったときに、心身共に元気なアクティブシニアになることをイメージしました。

人間には自分の体をつくる力がある。そして「健康力」の源泉は自己イメージです。当時９階建てのマンションの３階に住んでいました。毎朝、３階の我が家から１階まで下ります。次に９階まで１段おきにダッシュして駆け上がり、そして、３階の我が家まで下りてきます。その後、録画したビデオを見ながら１時間ほど、真向法を中心とするストレッチとブルワーカーによる筋トレをします。

この習慣を継続することで、還暦になっても人一倍元気でした。古希になっても、還暦の時と体形も変わらず、傍から見ると年齢がストップした印象だそうです。丑年生まれの現在72歳ですが、初対面でまだ還暦に見られます。

25年以上に及ぶ自己鍛錬、自己イメージが現在の健康体をつくっていることを証明しています。そして、骨も強くなっています。漢字で「体」の旧字体は「體」で

す。骨が豊かと書きます。まさに体をつくっている源は骨です。なお、現在は18階建てのマンションに引っ越したため、18階まで1段おきに歩いて上ります。

《3》正しい生活習慣、食習慣の実践が生活習慣病を防ぐ

①正しい生活習慣

三井物産を退職した1997年以降、ハードなビジネススタイルはなくなり、概ね毎日12時までに就寝し、6時に起床します。特にコロナ禍以降は、だいたい11時就寝なので朝は5時頃に起床しています。朝は目覚ましをかけず、自然と5時~6時頃、目を覚まします。若い頃は、朝起きるのが辛かったのですが、今は爽快な気分で起床できます。時々5時以前に目を覚ますこともあります。その時は、時間を得したと思い、そのまま起床します。

②正しい食習慣

三井物産退職後は、家で食事をすることが多くなりました。妻が栄養バラン

スを考えて料理を出してくれます。毎回栄養を考えながら、食事を出してくれる妻には、いつも感謝しています。完璧な栄養を求めるのは難しいので、不足していると思われるビタミン、ミネラルはサプリメントで補っています。その他のサプリメントとしては、ＥＰＡ、ＤＨＡ、そして目に良いルテイン含有のサプリメントを毎日飲んでいます。食品添加物には気をつけています。特にメイド・イン・チャイナ商品は極力買わないようにしていますが、しかし、あまり神経質になってもいけないので、ほどほどにしています。

2 私の健康実践法

マスコミや書籍等では様々な健康情報が飛び交っています。専門家と称する人は、皆さん自信をもって自分の情報が正しいと主張します。しかし彼らは、専門外の事実については、案外知らないことも多いのです。特に朝食をとるべきかどうかは意見が分かれるところです。

私の健康実践法は、自ら試して効果のあるものを持続させています。また、いくら良くても私の性格に合わないものは自然と消えていっています。ですから、私の強みと弱み、そして性格を中心に健康法を書いています。

読者の皆さんの中には合わない人もいるでしょう。その場合は、私の健康法は参考程度にして、自身の健康法を開発したらいいでしょう。大切なことは、自分の生活習慣として長く持続させることです。

以下、自身の実践例を基に解説していきます。

《1》朝のゴールデンタイムで一日のスタートを快適に

①目覚まし時計なしで快適に起床

毎朝5時～6時頃起床します。若い頃は、土日は寝だめしていました。しかし、今では充実した休日を過ごしすすめ、やはり同じく5時～6時頃起きています。そのコツは、目覚まし時計に頼らないことです。窓から入ってくる光で自然に目が覚めるようにしています。窓にはレースカーテンをかけており、直接は光が差し込まないようにしています。自然に目が覚めるので、快適に起床できます。目が覚めたら布団の上で大きなあくびをしてリラックスします。

次に、以前顧問を務めていた株式会社ＤＯＯＧの社長からいただいた同社の商品セラピー用磁石（商品名：８㎜黒真珠フェライト磁石）の小さな玉を目の下、左右各3個ずつ置きます。そしてタイマーを5分かけます。目には安眠用の目隠しをのせ、磁石が落ちないようにします。それから左の鼻の穴を人差し指でふさいで鼻呼吸します。

私は体が硬いので時々ふくらはぎやすねがつります。そこで足の甲を動かしてウォーミングアップします。同時に顎の体操とマッサージをし、5分後に目の周りの指圧をします。この5分で体が起床モードに変わっていきます。

起床後は、ウィズ・コロナの時代ですから、まず体温測定をします。起床後直ちに測定すると体の温もりのため36・5℃なのですが、少し時間を空けてから測定すると36・0～36・4℃まで下がります。その後、ひげそり、洗顔、そして髪を整え、普段着に着替えます。この儀式は重要です。今日一日これから始まるという意思表示を脳と体に伝えるためです。なお、ひげそりは電磁波の影響を避けるため、電動シェーバーではなく手動のカミソリを使っています。

また、朝起きると喉がいがらっぽいです。そこで、ジェイソン・ウィンターズ・ティーにショウガパウダーを入れて、うがいをします。そのまま飲み込みます。ショウガパウダーのおかげで、喉のいがらっぽさは解消します。以前はのど飴をなめていましたが、糖分を控えるために今はなめていません。その後は、速読法用の眼筋トレーニングを行い、『ドラッカー365の金言』を読み、滑舌トレーニング、そして、未来先取り日記をつけます。最後は、30分ほど朝の祈りをして、これで一日がスタートします。

②階段トレーニング

次に、階段トレーニングとなります。私の住むマンションは８６４戸の大規模マンションなので、建物以外のスペースが充実しています。建物内には中庭、外には一般公開している外庭があります。13階の我が家から1階まで下りていきます。その後はマンション内の庭を散策します。天気の良い日は気分が爽快になります。冬はまだ暗いですが朝焼けの時間帯も素敵です。太陽光を浴びると一日を気分よくスタートできます。

毎日散策も楽しみつつ、10カ所ある出入り口を替えながら、18階まで1段おきに上っていきます。18階まで上るのはさぞかし大変と思うかもしれませんが、18階を6等分して上ります。私の住むエアリーコート棟には5カ所に階段があります。4階まで上ると、次の階段まで廊下を移動します。その間、呼吸を整えます。この調子で18階まで上るので、苦もなく上れます。廊下では首を後ろに反らしたり肩を回したりします。階段は大きく腕を振りながら上ります。18階に着くと、天気の良い日には富士山が見えます。雪景色の富士山はいつ見ても美しく、これだけでも爽快な気分になります。

③下りの階段を活用した別メニュー

その後は、後ろ歩きで次の階段に移動します。

遥か前方に池袋のゴミ焼却場の塔が見えます。百円ショップで買った小さな穴付きの眼鏡越しに塔を20秒間見ます。この間「あいうべ」と発声して滑舌トレーニングをします。次に、親指を20秒間見つめます。同様に「あいうべ」と発声します。

次に眼鏡を外し、17階に下ります。前方に隣のブルームコート棟が見えます。前方に見えるベランダを見ながら眼筋トレーニングを行います。これを13階まで繰り返します。

工夫次第で、住んでいるマンションをトレーニングジムとして活用できます。しかも無料のジムです。夏場はわらじを履いて階段登降を行います。当然わらじは足に負荷がかかり歩きづらいのですが、慣れれば問題ありません。

72歳の誕生日を迎えました。記念して18階を4往復（18×4＝72なので）するチャレンジをしました。この細分化の法則を使ったので、4往復しても特に息切れしませんでした。

④リビングルームでストレッチと柔軟体操

その後は、リビングルームでストレッチと柔軟体操を1時間以上かけて行います。私は1週間に50本ほどテレビを録画していますが、運動をしながら観ます。

柔軟運動は真向法が中心です。真向法は仏教の座法を取り入れたトレーニングで、４つの座法によるストレッチです。５～10分程度なので気軽にできます。この方法はあらゆる生活習慣病の予防になるそうです。私は加茂真純先生のビデオを参考に毎朝実践しています。特に体の硬い私には必須のトレーニングです。さらに、ぎっくり腰予防のストレッチ等を適宜組み込んでいます。それが終了するとストレッチポールによる体のストレッチ、次は、百円ショップで購入したダンベルを使った筋トレ。ダンベルの中には水が入っています。

⑤ブルワーカーによる筋トレ

その後は、前述したブルワーカーを使った筋トレです。ブルワーカーは大学1年生の時に、通販で９８００円で購入しました。これは7秒間筋肉を制止するトレーニングです。場所をとらないので長続きできます。あれから50年以上使用して未だに故障していませんが、3年前に新しいブルワーカーを1万４８００円で購入しました。第1号のブルワーカーは新しいブルワーカーの隣に記念物として置いています。最後は、スクワットを10回やって終了です。

筋トレのおかげで、私の腕と脚の筋肉はぴんと張って、到底72歳の体には思えない体に仕上がっています。先日、王子の郵便局で筋肉測定の体験会があったので参加しました。私の筋肉は20代後半のスコアでした。担当者は私の年齢を聞いてびっくりです。歳をとっても、長年筋トレを続けていると、筋肉量は維持されるのです。

右が旧ブルワーカー、16種類のエクササイズ。左が新ブルワーカー、39種類のエクササイズ。

⑥毎朝継続できるコツ

リビングでの運動時間は1時間程度です。毎朝継続できるコツは、朝の決められた時間に実践すること。それに録画したテレビ番組を観ながらできることです。ここで、いろいろな情報を仕入れることもできます。

私は基本的にはテレビは観ません。テレビで時間が左右されるのが嫌なのと、ニュース番組を見ると、現在ではコロナ情報を毎日嫌というほど見せつけられるからです。フェイクニュースが大半なので、時間の無駄です。

それと殺人事件などの放映が多いので、気分が悪くなり、朝の爽快な気分を壊されてしまいます。

《2》私のダイエット術、朝食抜き健康法

①やせっぽちだった20代、しかし、カナダ駐在で肥満体型に

カナダ三井物産に駐在したのが31歳の時でした。

それまでの私は体重55kg、ウェスト68㎝と細身でした。それがカナダ駐在3年半、食生活の影響で体重70kg、血液検査では、高コレステロール血症に近い状態に。ウェストは90㎝まで増加しました。

その結果、毎年スーツは新調しなければならず不経済でした。

②「朝食抜き健康法」＋ショウガ紅茶健康法のダイエット効果

日本に帰国してから、自分の体形を若い頃に戻そうと、ショウガ紅茶健康法他いろいろと試しましたが、一向に効果が上がりませんでした。ある時、小山内博先生の1日2食でいいという「朝食抜き健康法」を知り、今までのショウガ紅茶健康法に加えました。すると3カ月ほどで体重が60kgぐらいに、ウェストは7cm減り83cmぐらいになりました。本当は76cmぐらいがいいのですが、ズボンがぶかぶかになるので、これくらいでいいと思っています。

先生は、「朝食を食べなくてはならない」という先入観が問題であると言っています。私はあまり先入観を持つタイプではないので、とりあえず朝食を抜いてみました。だめならだめで元に戻せばいいという気持ちです。間食もカットしました。その結果、わずか3カ月でダイエットできました。今まで、体重は減らすことはできましたが、ウェストを7cm減らしたことは私にとって画期的でした。そういう意味で朝食抜きのダイエットはとても良いと思っています。

空腹時の血糖値のコントロールが減量のポイントということが分かりました。朝起きた時、空腹時の血糖値は110より下がっています。それをそのまま我慢していると90まで下がります。人間は体に脂肪をためていて、１１０まで下がると体脂肪を燃焼し始めます。その結果90まで血糖値が下がってきます。空腹を我慢し、今体脂肪を燃焼していると思うと、我慢も苦痛ではなくなります。慣れてしまえば大丈夫です。

③ゆっくり噛む

食事の時に大事なことは、ゆっくり食べるということです。

１つ目は、大食いしないことです。１回に食べる量を減らすのです。小口に分けるということです。

２つ目は、50回噛むことです。50回噛むのが大変な人は、30回でもＯＫなのでしっかり噛みましょう。よく咀嚼して食事の時間は20分以上かけて食べます。前はラーメンを5分くらいで食べていましたが、満腹中枢に指令が届くのに20分かかるそうです。早食いをすると、満腹中枢に伝達が行く前に食べてしまい、それが食べすぎとなり、肥満の原因となるのです。だからゆっくり食べることが大切です。そして間食を避けましょう。食べないことに慣れてしまうと、どうってことありません。

先ほどから繰り返し述べているように、私はショウガ紅茶健康法で、非常に元気になりました。体重も少し減りました。ショウガは安くて最高のサプリメントです。ショウガで抵抗力をつけると、冷え性予防や夏バテ解消になります。女性で冷え性の方がいると思いますが、ショウガを食べることで体温が上がり、抵抗力も上がってきます。36度以下の低体温の人は抵抗力が弱いのです。だから風邪をひいたり病気になったりしやすいのです。夏バテもしがちです。

④ジェイソン・ウィンターズ・ティーでさらに「健康力」強化

10年ほど前に軽い前立腺肥大症を患いました。薬で一応症状は止まりました。しかし、喉に痰が引っかかるような不快感を覚え、発音もしづらくなってきました。折しも、友人からジェイソン・ウィンターズ・ティーを薦められました。これはジェイソン・ウィンターズ氏が開発したものです。

彼は末期がんでした。その克服のために、北米インディアンの間で先祖代々伝わるハーブを煎じて飲み、がんが治りました。その普及のためジェイソン・

ウィンターズ・ティーを作ったのです。

さっそくこのハーブティーを飲み始め、1年ほどで薬は不要となりました。これは薬ではありませんが、血液をサラサラにし、生活習慣病の予防になります。ネットで安く手に入るのでお薦めです。

⑤健康本の元祖『フィット・フォー・ライフ』。さらに私のダイエットは進化

人間の体は、1日24時間を3分割して働いているそうです。

◆正午から午後8時までは補給の時間帯
つまりこの時間帯に食事をとりなさいということです。

◆午後8時から午前4時までは、同化の時間帯
この時間帯の食物の摂取は避け、摂取した食物を吸収している時間です。

◆午前4時から正午までは排泄の時間帯
この時間帯は、体内の老廃物と食物カスの排泄の時間となります。つまりこの時間帯は何も食べなくていいのです。

私の場合、代わりに、リンゴとバナナ、そしてジェイソン・ウィンターズ・ティーをとっています。リンゴは農薬が怖いので、粗塩でよく洗ってから食べます。

ここで重要なことは、果物は空腹時に食べると「金」となります。私は果物を最重要食物と評価しています。果物は一番エネルギーを必要としない食べ物です。なぜなら果物は体内に入ったときに、既にブドウ糖になっているからです。脳はブドウ糖以外の栄養素を受けつけません。

ここで注意することは、果物を食後にとると栄養効果が期待できず、か

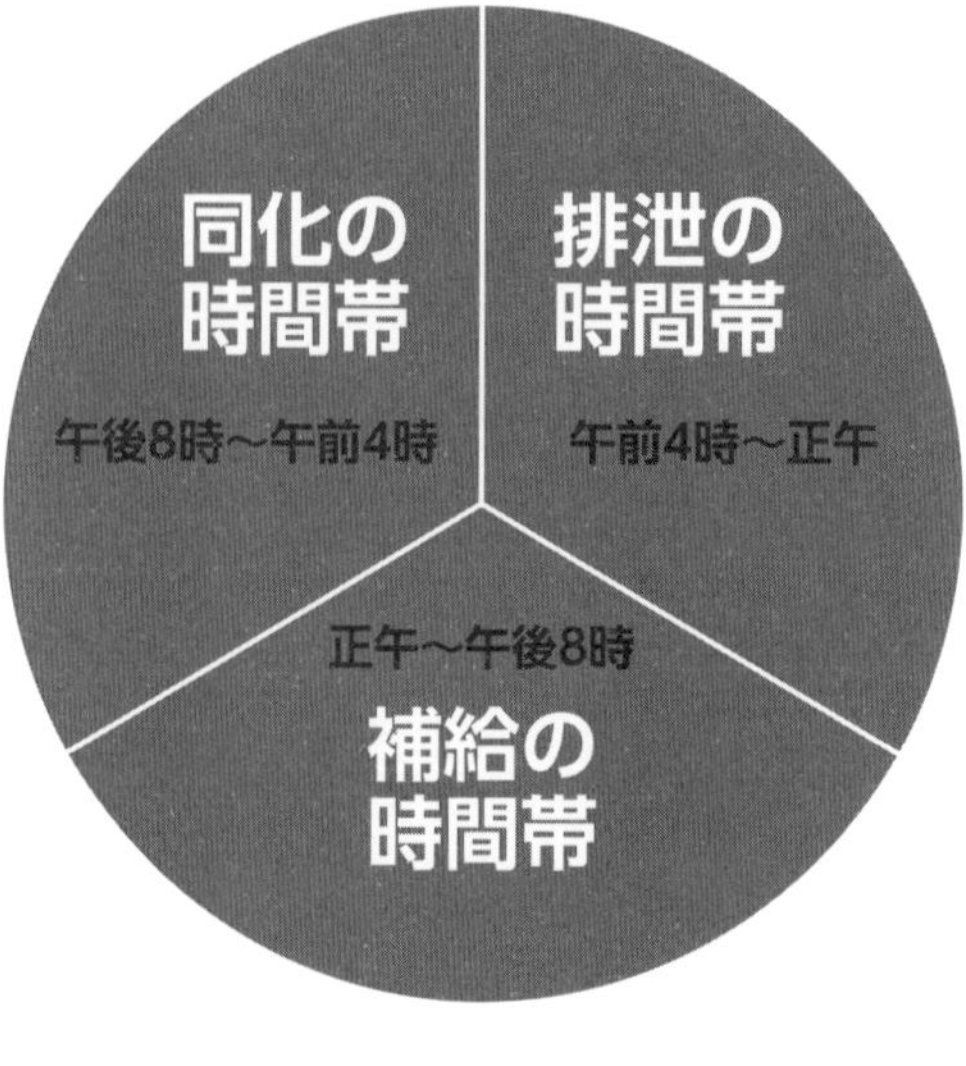

えって害となります。この事実を踏まえ朝食代わりにリンゴとバナナ、それに夕方の間食で食べることにしています。

《3》朝の寝覚めが悪かった私が快適に起床できるようになった快眠法とは

不眠で悩んでいる方は多いと思います。しっかりした熟睡と快眠は健康生活に大切です。快眠により抵抗力や免疫力がついてきます。仕事も集中でき元気で明るく過ごせます。ではどうしたら快眠できるのか。私も工夫を凝らしていて、今も実践していることを皆さんにご紹介いたします。

①寝具

布団に関しては、キャップロールを40年以上愛用しています。この間、初代のものがボロボロになってきたので買い替えましたが、これは手放せません。横になったとき背骨を支えるのが寝具の役割です。硬すぎても柔らかすぎてもいけません。特に柔らかい布団はよくありません。せんべい布団の方がいいといわれますがその通りです。背中と腰を一番負担のない形でしっかりと受け止めることを、科学的に解明したのがこのキャップロールです。本品を長年愛用していると他の布団では寝られません。ですから私は使い続けています。一点約10万円と高値ですが、最初に購入したものは30年くらい使いましたから、十分元は取れました。メーカーのカタログでは製品寿命は10年とありましたが30年近く使えました。

②枕

次に大事なのは枕です。枕も適度な高さと硬さが重要です。高い枕では、首が上がってしまうので、緊張感が走り不眠の原因になります。逆に低い枕だと、頭が下がってしまいます。枕の高さは、高すぎても低すぎてもいけません。先ほどのキャップロールと原理は同じです。試行錯誤を繰り返して、現在はイタリア製の高反発枕マニフレックスを使っています。東急ハンズで1万2600円で購入しました。枕でこの金額は高いと感じるかもしれません。しかし10年、20年と使えますから、仮に12年使ったとしたら、年間1000円です。それを

12で割れば、月々80円くらい。一日に換算すると数円です。こう考えると、高級なものを買うことで快眠を得られるなら無駄な投資ではないと思います。かけるべきところにはお金をかけた方がいいと私は思います。

③エアコン

私が住んでいるマンションは、気密性が高く真冬でも17℃前後あり快適です。ですからエアコンなしで寝ています。逆にエアコンをつけると、暖かくなり寝汗をかく可能性があるので止めています。

夏は寝る1時間前にエアコンの温度を27℃に設定します。それ以下にするとかえって寒く感じます。そして、寝るときには送風に切り替えて寝ます。これで快眠でき快適に起床できます。

④入浴

入浴は快眠に重要です。以前は、季節に合わせて湯温を変え、冬は42℃、夏は37℃に設定していました。しかし、健康番組で40℃が適温との情報を得たので、現在は40℃で統一しています。40℃の場合、冬はぬるく感じ夏は熱く感じます。しかし、慣れればなんら問題はありません。

⑤快眠サプリメント

試行錯誤の末、蜂蜜が快眠に効果ありとの情報を得たので、今ではグリシンに蜂蜜と水、それにショウガパウダーを入れて飲んでいます。これで結構快眠できることが分かりました。なお、ショウガパウダーは喉に効果があります。

グリシンは、1kgで1000円程度です。インターネットで購入可能。夫婦2人で3カ月は持ち、非常に安価です。それでも眠れないときもあります。夜遅くパソコンをやっていて目が冴えてしまったときなど、アルコールを睡眠薬代わりに使います。ただし、飲みすぎに注意です。適量を超えると翌朝に響くからです。また、飲みすぎると汗をかいたりして、かえってよくありません。アルコールを睡眠薬の代用にすることに慣れてしまうと、そういう体質になってしまうので、過度に頼らない方がいいでしょう。酒は百薬の長といいますが、適度にたしなむことが健康には大切です。

⑥快眠用セラピー磁石

就寝時、前述のセラピー用磁石の小さな玉を、目の下に左右各４個ずつ置きます。そして、タイマーを５分かけます。目には安眠用の目隠しをのせて、磁石が落ちないようにします。その間、朝とは逆に右の鼻の穴をふさぎ、左の穴で10回鼻呼吸します。また、頬をさすったりすることで、入眠へと誘ってくれます。

⑦いびきと睡眠時無呼吸症候群

妻の話では、私はいびきをかくそうです。そして、睡眠時無呼吸症候群も時折あるそうです。

その対策としてマスクをして寝ます。これでいびきが止まったそうです。それから、抱き枕を抱いて寝ることにしました。そうすると、睡眠時無呼吸症候群を起こさなくなったそうです。

また、冬に風邪気味のときは、鼻孔にヴェポラップを塗ります。こうすると朝起きたときに、鼻の穴がすっきりしています。

《4》防寒対策で快適な冬を過ごす

防寒対策の小道具、私にとって外出時の三種の神器は、毛糸の帽子、ネックウォーマー、レッグウォーマーです。毛糸の帽子は格好悪いという人もいますが、見た目より健康の方が大事です。また、マフラーよりネックウォーマーの方が温かく寒気をシャットアウトできます。ですから、防寒対策にとってより有効なツールであると実感しています。毛糸の帽子もしっかりかぶり耳を覆います。恥ずかしがらずにやるべきです。女の子にモテるより、風邪予防の方が大事だと思います。年配者はなおさらです。

三種の神器に加えマスクも効果的です。快適な冬を過ごすには風邪予防も大切だからです。抗菌マスクをすることによって、１００％ではありませんが、できるだけウィルスをシャットアウトします。

現在、ヒートテックの下着を利用していて、レッグウォーマーはあまり使っていません。ヒートテックにはエクストラウォーム、ウルトラウォームとグレードがあります。ウルトラウォームの場合少し重いですが、防寒対策には適しています。

《5》夏バテとおさらばできた秘訣とは

夏バテ防止の三種の神器として、日よけの帽子、サングラス、クールビズを挙げます。防寒と同様、日よけの帽子はみっともないという人もいます。しかし、外出時の夏バテ防止に有効なのでお勧めします。元気もなくしょぼんしているほうが印象が悪いです。サングラスは夏バテ防止というより白内障予防です。年を取ってくると予防しておきたいことのひとつです。近年、クールビズはかなり定着しました。真夏にネクタイをしている人を見かけなくなりました。

また、おしぼりを冷凍庫に入れておき、凍ったそれをバックの中に入れておきます。汗をかいたとき、冷凍でカチカチになっていたおしぼりがほどよく柔らかくなっているので、これで顔を拭くとシャキッとします。さらに、クールタイも外出時に所持していれば万全でしょう。

こういった工夫で、夏バテもせず、食欲も落ちず、快眠できます。免疫力をつけるためには、規則正しい生活をし食事をしっかりとることは基本中の基本です。この延長線上に三種の神器をうまく活用した防寒・夏バテ対策があります。

《6》デンタルヘルスの実践

厚労省が８０２０運動をＰＲしています。これは80歳のときに、20本自分の歯を維持しましょうという運動です。実際義歯にすると食事の味が分かりづらくなり、食事が楽しくなくなります。義歯になる最大の原因は歯周病です。歯周病は、45歳以上になると半数の人が罹っています。歯周病を防ぐには、３カ月に一度のプラークコントロールが大切です。近所の歯科医で、３カ月に一度歯周ポケットをチェックしてもらっています。また、同時に、虫歯のチェックもしてもらいます。定期的に歯科医に通うのは面倒ですが、自分の歯で食事ができないストレスを考えたら致し方ないです。なお、保険適用で、毎回２０００円程度で受診できます。

信頼できる歯科医を見つけておくことは大切です。儲け優先の歯科医にかかると大きな出費になってしまいます。特にインプラントを積極的に勧める歯科医は要注意です。インプラントは前歯など美容面で見た目を気にする場合には必要ですが、基本的に不要です。保険診療で十分です。これを知らずに歯科医にかかり、インプラントを勧められると、最低でも数十万円はかかるので要注意です。

《７》目の健康法実践

加齢とともに白内障、緑内障のリスクが高くなります。白内障の場合、手術すれば簡単に対処できます。しかし、緑内障は失明につながる恐れがあるので、早期発見が肝要です。そのために定期的検査が大切です。私の場合、緑内障の疑いありとの所見で半年に一度検査に通っています。同時に、眼底検査をして、網膜剝離の可能性はないかもチェックしてもらっています。

《８》電磁波対策

私は電磁波防止対策をしてきました。デスクトップパソコンを使用するとき、眼鏡はブルーライトカット機能付き、それに電磁波防止のエプロンをしています。

また、ｉＰｈｏｎｅにはラディセーフという電磁波を防止する、直径２㎝ほどのシールを貼っています。ブルートゥースが脳に悪いということなので、コードレスイヤホンも、ｚｏｏｍ用に使っていたコードレスのヘッドセットも使用するのをやめました。代わりにＵＳＢのヘッドセットに替えました。

さらに、EMF Body Cardという電磁波防止用の名刺大のカードを購入しました。これを定期券入れに入れて首からぶら下げています。

これまで電磁波被害を直接感じたことはありません。しかしながら将来において、脳への影響から認知症にならないとも限らないので、転ばぬ先の杖ということで、電磁波対策を意識的に強化しています。

《9》自分の健康は自分で守る

①厚労省の食品添加物認可基準

日本では食品添加物が氾濫しています。厚労省の基準は、その定める基準値の１００分の１以下なら、食品添加物として使用許可が下りるそうです。一見安全に見えます。しかし、加工食品には多数の食品添加物が使われています。それらの添加物が、相互作用を起こして人体にどのような影響を及ぼすかは未だ不明です。厚労省は無責任にもそこまでタッチしていません。

②総菜や加工食品の栄養価をチェックする

食品の味を良くするには油を増やすか甘味を増やすかです。その結果、カロリー過多、脂肪分過多の食生活となります。そして、現代人は肥満体質となります。日々私たちは、気軽にコンビニやスーパーで総菜を買ってきて食べています。しかし、これらの食品は圧倒的にミネラルが不足しています。

③ミネラルの重要性

農業革命により大量生産、大量消費が可能となりました。しかし、その結果、野菜・果物からミネラルが大幅に失われました。そして、ミネラル不足は生活習慣病等を発生させ、現代人の健康は侵され続けています。

農業生産を管轄する官庁は農水省。これに対し、国民の健康を考え、生活習慣病を管轄するのは厚労省。しかし、その厚労省も、栄養価のことまでは深く考えてくれません。よって、健康に関しては、「自分の健康は自分で守る」という意識をしっかりと持つことが極めて重要なことといえます。

人生１００年時代が益々進行していますが、平均すると男性では最後の10年間、女性では15年間、寝たきりや認知症になるといわれ、家族や社会に多大な負担をかけることになります。ミネラルの重要性は25年前から認識していましたが、昨今ではその認識がよりいっそう強くなっています。

④ミネラルの主な働き

5大栄養素といえば、タンパク質、炭水化物、脂質、ビタミン、ミネラルです。ミネラルがないと前の4大栄養素は機能しなくなります。その意味で栄養はミネラル中心に回っているといえます。タンパク質は主に筋肉など身体をつくる材料に、炭水化物や脂質は主に身体を動かすエネルギーに、ビタミンは身体の調子を整えるのに役立っています。しかし、それはあくまでも十分にミネラルが摂取されていることが前提です。栄養素をいくら摂取しても、生体組織の構成や生理機能の維持など、それらを調節をするミネラルなくしては、体内で効果的に機能できないのです。

人体の96%は、酸素、炭素、水素、窒素の4元素で構成されています。5大栄養素のうち、タンパク質、炭水化物、脂質、ビタミンもこの4元素でつくられています。残りの４％の中に数十種類のミネラルが存在し、それぞれの役割に従って、身体機能を調節し健康を維持しています。５０００種類以上の酵素は体内でつくられますが、ミネラルは酵素をつくり活性化します。酵素は、体内で行われる化学反応の触媒となる物質です。消化や吸収、エネルギーの生成、皮膚や臓器の新陳代謝など様々な生命活動を活性化します。ミネラルがないと生命活動に支障を来します。ミネラルの主な働きをまとめると、次のとおりです。

●体の組織の成分となる

ミネラルは、骨、歯、血液など身体の様々な組織の成分となります。

●ホルモンをつくる

組織内でホルモンをつくる際には、その材料となるタンパク質や脂質などと共に、ミネラルが必要となります。

●細胞を助ける

人体の60兆個の細胞ひとつひとつが栄養分を吸収し老廃物を排出します。ミネラルは細胞の浸透作用を調整するうえで、不可欠な存在です。

●他の栄養素を助ける

ミネラルのおかげで他の4大栄養素が機能します。

●神経伝達を助ける

カルシウムは、脳の神経伝達物質に関わり、いらいらや興奮、緊張の緩和に役立ちます。亜鉛は、集中力や記憶力といった脳の働きを高めます。マグネシウムは、筋肉の緊張を緩和し、正常な神経伝達を助けます。

さて、本書はミネラルの解説書ではないので、これ以上のミネラルに関する知識は、巻末の参考文献を参考にしていただけたらと思います。

⑤化学肥料と農薬の使用によりミネラルは大幅に低下

私の子供の頃は、くみ取り式便所でした。当時は汚穢《おわい》屋と称する職業があり、各家庭から糞尿をくみ取り、それを田畑にまいていました。おかげで当時の農作物はおいしく栄養豊かでした。しかし、回虫を一緒に食べてしまうリスクがあったので虫下しを飲んでいた時代でした。小中学校では、年に一度海人草《かいにんそう》という液体を虫下しに飲んでいました。非常にまずいので、今でもその味を思い出すと、気分が悪くなります。しかし、水洗便所の普及とともにくみ取り式便所はなくなり、いつの間にか化学肥料と農薬の時代へと移りました。そのためか、農作物の味は落ち栄養価も落ちました。さらには食品添加物全盛の時代となりました。食品添加物は厚労省の許可事項ですが、日本の食品添加物は諸外国と比べ、認可基準が甘いとの批判があります。その結果、日本人は、年間４kgの農薬と４kgの食品添加物を接種していることになるそうです。そのうえ、総菜やコンビニ弁当に使われている食材にはほとんどなミネラルが含まれていません。我々日本人は、非常にミネラルが不足した生活を送っているという現実に気づかされるのです。私は26年前からビタミン、ミネラル不足をサプリメントで補っています。

⑥血圧対策

厚労省の最高血圧に関するガイドラインは２０００年までは１８０でした。それがいつの間にか１３０まで引き下げられました。現役の医師、松本光正先生の『高血圧はほっとくのが一番』を読み、またもや、政財官の利権構造のせいだということが分かりました。血圧は加齢に伴い上昇します。300以上の極端な例を除き、普通は気にする必要はありません。高血圧の目安は年齢により異なり年齢+90だそうです。因みに、72歳の私の場合、162です。現在は120台なのでむしろ低血圧といえます。この本を読んで以来、血圧計とは決別しました。薬を飲むと、かえって認知症等の副作用のリスクが出てきます。

⑦コレステロール

こちらも同様、300以上の極端な例を除き、気にする必要はありません。

⑧がん検診

早期がん発見のために、人間ドックに通う人が多いですが、欧米では早期がんはがんと見なさないそうです。アナウンサーの逸見政孝さんが早期にがんが見つかり、手術して半年後に亡くなりました。これなど合法的殺人といえます。もし、がんが発見されたらどうすればいいのでしょうか。がんドクター近藤誠先生によれば個人差があるそうです。余命半年と宣告されても10年近く生きた人もいるそうです。ですから天命に任せればいいのです。前章の「人間力」で、死後の世界の存在を説明しました。最期はこれまでの人生を振り返り、周りの人に感謝し、心穏やかに帰天すればいいのです。

《10》習慣化のコツ

①自分に合った健康法を見つける

私は10以上のことを習慣化しています。コツは毎日の生活の中に取り入れることです。前述の通り、毎朝５時〜６時頃起床します。若い頃は、低血圧だったため、朝起きるのが辛くて、布団から出るのが大変でした。しかし、今では目覚まし時計なしで快適に起床できます。

以前フィットネスクラブに通っていました。多忙のなか通うのに、いかに時間を捻出するかが大変でした。週１〜２回通うための時間を確保するのは大変で、また、フィットネスクラブに通うには着替え、往復の時間が必要ですし、さらにフィットネスクラブにいるときは、それに集中しなければなりません。結局長続きしませんでした。そこで、録画したビデオを見ながら柔軟運動と筋トレをするようになりました。情報を仕入れながらできるので一石二鳥です。私には一番合った健康法といえます。そして、お金のかからない健康法です。今ではすっかり習慣化し25年以上は続いています。

②毎週体重を測る

毎週タニタの体組成計で、体重とそれ以外の健康データを計測しています。長年のトレーニングの成果が計測データにはっきりと表れています。次のデータは令和3年8月5日現在のものです。唯一内臓脂肪だけが基準値を超えていますが、それ以外は基準値内となっています。

体重60・1kg。コロナ禍で体重が増えている人が結構いますが、私はきちんとダイエットコントロールしているので、60kgで一定しています。BMIは20〜24の範囲に収まっています。体脂肪率14〜19%。これも日頃のダイエットコントロールの効果が出ています。内臓脂肪レベル12・0。基準値は10未満なので、これが唯一の課題です。内臓脂肪を基準値以内に収めるために、甘いものを控えたり、カロリーを抑えたりしています。骨量は１・７以上に対し２・６なので合格です。

基礎代謝は70代の最低値１２８０に対し１３５２と基準をクリアしています。筋肉量30以上は47・７と余裕でクリアです。年代別筋肉量を見るとピークは20～40代の37ですが、私の場合47・７と遥かに超えています。毎朝18階まで階段を１段おきに上り、また、50年以上ブルワーカーを使用している成果だと思います。加齢とともに筋肉が落ちないことはデータから明確です。筋肉スコアはマイナス１～プラス１の範囲内の０ですが、これは体脂肪率との関連で、筋肉量が筋肉質でも運動不足でもなく標準という意味です。なお、筋質点数は75です。同じ筋肉量でも筋質点数が高い人ほど、転倒しづらい傾向にあるそうです。70代の筋質点数の平均は男女とも45程度です。私の筋質点数75は20代の68を上回っています。これもトレーニングの成果といえます。60代の頃、雨の日に階段がぬれていたため転んで落下しましたが、打ち身程度で済みました。整骨院に通いましたが、普通なら骨折していますよとびっくりされました。筋肉量は

55歳から大幅に急降下していくそうです。日頃からの筋肉トレーニングが重要なのです。ウェストは85㎝以下の83㎝ですがこれは改善の余地があり、80未満にしたいと思っています。ブルワーカーを使用するときは、脇腹を強く意識しながらトレーニングしています。体水分率5・2。人は加齢とともに水分が減ります。新生児の体水分率は80％です。成人男性では60％、女性は55％ですが、高齢者は50～55％まで減少します。体内年齢57歳。基礎代謝の年齢傾向と、タニタ独自の研究により導き出した体組成の年齢傾向から、測定された結果がどの年齢に近いかを表現したものです。現在72歳の私の体内年齢は実年齢より15歳若いことになります。初めて会う人が私のことを還暦ぐらいと思うのも体内年齢が若いせいかもしれません。読者の皆さんも、体重以外の健康データを一度チェックしてみたらいかがでしょう。数字から健康状態が把握できます。

③立っている時間をできるだけ多くする

現代人は座っている時間が圧倒的に増えました。一日の内で、睡眠時間以外で座っている時間をチェックしてみてください。長時間座っていると健康に悪影響を及ぼします。人間の体は楽をすると体力が低下するようになっています。骨折で入院した人が1カ月以上入院すると、骨折していない脚が衰えていきます。普段なるべく立つ習慣をつけることをお勧めします。

私の場合、電話は基本的に立ちながら話します。朝起きてから着替え、洗顔、ひげそり、『ドラッカー365の金言』、そして祈り他一連の動作に1時間近くかかりますが、ほとんど立っています。

また、電車に乗る場合には、若い人でも競って席を取ろうとしますが、私は基本的に立っています。車内では、LINEまたは電子書籍を読みます。座ると居眠りをすることが多いので、立って読む方が効率がいいのです。

3 メンタルヘルスの実践

《1》心の湖面を保つことでストレスフリーの生活を送る

①うつ病対策

最近うつ病が多いですが、潜在予備軍を入れると全国で1000万人以上になるそうです。メンタルヘルスは近年クローズアップされてきました。うつ病になった経験はありませんが、ならないようメンタルヘルスに気を使っています。私のように真面目な人間はうつ病になりやすいタイプでもあります。常日頃、メンタルヘルスを実践しているので、問題を回避できているのだと思います。うつ病になってしまうと仕事の最前線から外れます。中小・ベンチャー企業の経営者はプレッシャーが大きいです。社長がうつ病になってしまうと、会社はガタガタになります。そういう意味でメンタルヘルスは非常に大事です。

②心の湖面を平らかにする

私のメンタルヘルスは、心の湖面をいつも平らにすることです。20代、30代の頃は感情的になったり他人と口論したりと、自己主張が強いタイプだったので協調性に欠けていた部分もありました。年を経るにつれて、心の湖面を平らにすることの重要性を認識し実践しています。

心の湖面とは何か。湖の水面を思い浮かべてください。石を投げ入れると当然湖面に波紋が広がります。何かのきっかけ（石を投げ入れる）で心（湖面）が乱されます。他人から受ける嫌な言葉。怒られたり、誤解を受けたり、生きていく上で嫌な事柄に幾度も直面します。そんなとき、心（湖面）が波立ちます。嫌なことがあってもその波立ちを最小限に止めることが肝要です。心（湖面）が波立ったらその揺らぎを平らかにするように努力しましょう。

③怒ったら負け

「怒る」と「叱る」は違います。「怒る」はただ相手に自分の感情をぶつける私心です。ところが「叱る」は、相手の成長を促すという教育的な目的があり、相手のためを思った上でのアドバイスです。ただし、その方法にも注意が必要です。昔、上司に雷のように怒る人がいました。当然この「怒る」に反応して、受け手の心の湖面には波が立ちます。人間の心は鏡と同じです。怒った顔を鏡に映せば当然その顔も怒っています。怒りながら笑った顔を鏡に映すことはできません。そして、相手に向けられた怒りの毒素・波立ちは、そのまま自分に返ってきてしまいます。ここを肝に銘じてほしいのです。あなたが怒れば、そのマイナスの波動は周りにも影響します。上司が怒っていると社内の雰囲気は良くありません。仕事の話を持ってこいと言われても、機嫌が悪いので後回しにします。そうすると仕事面でもマイナスになります。またその部下は絶えず上司の顔色をうかがって仕事をするようになります。これもマイナスになります。だから怒ったら負けです。

④プラスの釘を打つ

心の湖面を平らかにする具体的な方法とは、プラスの釘を打つということです。嫌なことがあったときなど、プラス思考で楽しいことを考えるようにします。人間は同時に同じことを考えられません。同時に怒ったり喜んだりできません。この法則を利用します。忙しい人はくよくよめそめそしないで、さっと気持ちを切り替えて引きずらないことが大切です。

⑤自分を褒める

自分を褒めることも大事です。日本人は生真面目な人が多く、自分を追い込む人が多いです。そういう人に限って、うつ病になったりします。時には、自分はこんなに頑張っていると、心の中で褒めてあげます。誰もいないところで、よくやったと褒めてあげることが大事です。その結果、気持ちが楽になります。

⑥愚痴を聴く

くよくよしている人がいたら愚痴を聴いてあげることも大切です。愚痴は言葉のゴミなので、頻繁に言ったり聴いたりするのはよくありませんが、愚痴を聴いてあげることも円滑な人間関係を維持する上で大切です。愚痴を言うとすきっとします。これも心の湖面を平らかにするための手段のひとつです。

《2》瞑想習慣で心の健康を保つ

①サウナ健康法

以前は月に一回スーパー銭湯に行っていましたが、サウナが健康に良いと聞いたので最近はサウナに頻繁に通っています。サウナの健康効果として『医者が教えるサウナの教科書』（加藤容崇著　ダイヤモンド社）によれば……①脳疲労が取れて頭がすっきりする。②決断力と集中力がアップする。③アイデアやひらめきが舞い降りる。④感情的にならなくなる。⑤快眠効果。⑥感覚が敏感になる。⑦肩こり、腰痛、眼精疲労が和らぐ。⑧肌がきれいになり、やせやすい体質になり、見た目がきれいになる。以上8項目が挙げられています。サウナ効果を狙うコツは、①サウナ室で数分温まる、②水風呂に入る、③外気に数分触れる。これを3回繰り返すと右記のような効果が得られるそうです。

②3カ月に一度は瞑想三昧

精力的に動いている私を知る人は、瞑想三昧の姿をイメージしづらいかもしれません。しかし私は多分に内省的でもあります。誰とも口を利かずひとり静かに瞑想することで、活動的に動ける自分を維持しています。

３ヵ月に一度は、人里離れた幸福の科学の研修施設に２泊３日し自分を深く見つめます。同教団には全国30カ所近い施設があります。テーマで施設を選び、政治・経済・社会・経営・人生など、様々な切り口から深く参究します。施設のことを正心館、精舎と呼びます。参究という言葉は仏教用語で、悟りを求め真理を究明するという意味です。これまでの研修で最高だったのが日光精舎の八正道研修です。前述の「本当の自分」に関する説明は、この八正道中級研修での学びをまとめたものです。研修終了時、心の塵や垢が取れ、心身ともにさわやかな状態でした。これを仏教的には阿羅漢といいますが、その状態が１週間続きました。

③他人の純金部分を発見する

川砂をふるいにかけると、砂金・純金の部分と砂の部分とに分かれます。純金部分とは「本当の自分」であり、光り輝いている自分です。砂の部分は、こ

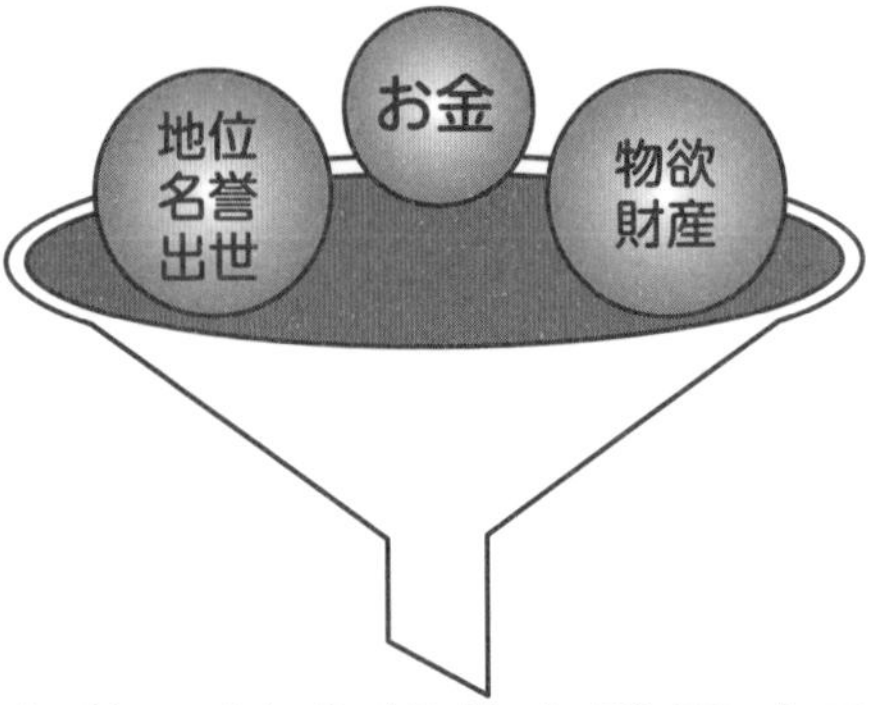

自分の純金部分を発見する
他人の純金部分を発見する

の世のお金、地位、名誉、物、出世、財産等に振り回されている自分です。

かつて、高校受験に失敗した私は「大学受験は絶対合格する！」と誓い、一切を犠牲にして受験勉強に没頭しました。そして、一橋大学商学部に現役合格しました。その経験から、私は「目標を設定し、それに向かって努力すれば目標は達成される」という信念を持ちました。そして、この信念を生きる型とし、以降の人生を駆け抜け、それなりの成功を収めてきたと自負しています。

ある時（1990年頃）のことです。高校時代以降、自身の純金部分は中学生の時ほど輝いていないことに気づきました。その理由は、それまでの自己実現は自分のためだけのものだったと気づかされました。そして、新たな行動哲学「活私豊幸」＝「自分を活かしながら、人生の途上で出会った人々をも、豊かに幸福にできる人間でありたい」がスタートしました。「活私豊幸」は「他人の幸福も考えた自己実現」です。その究極の自己実現が「ユートピア館」建設です。新たな行動哲学で私の純金部分はだんだんと光り輝き始めました。しかし、商社マンの生活とは相容れない部分も多く、その葛藤に悩んだこともありました。三井物産を退職した一因ともいえます。

自分の純金部分を発見できると、他人の純金部分も発見できるようになります。その純金の輝きが鈍くとも、一緒に磨き合い協力しようと考えます。その根底にあるのが「与える愛の実践」です。そして「活私豊幸」の人生です。これで人間関係もどんどん好転していきます。

④反省からの発展

人間は失敗をするものです。失敗したときは反省します。次は失敗しないと誓います。失敗から学ぶ姿勢が、次の発展につながります。しかし、人間には魂の傾向があり、同じ失敗を何度も繰り返します。それを何回か繰り返すうちに、次第に失敗をしなくなります。そしてよりよい人生を送ることができるようになります。対人関係・仕事・プライベートなどで様々な失敗をしますが、反省し改善していこうと前向きに取り組みます。これが自分のメンタルヘルスに良い影響を及ぼします。前向きに、繰り返し取り組むことで、うつ病になることを避けられます。70年以上生きてきて、うつ病になったことは一度もありません。それはメンタルヘルスをしっかりと実践しているからです。

《3》「思考力」の醸成

①「思考力」の醸成

商社マン時代は、物事を深く考える習慣はなく、読書も通勤電車内で歴史小説を読む程度でした。ただし、幸福の科学の書籍は発刊のたびに読んでいました。大川隆法師が大悟してから40年が経ちます。その間に３０００冊近い書籍が発刊されています。個人が一生涯でこれだけの書籍を発刊すること自体人間離れしています。膨大な書籍量なので全てを深く読み解くのは大変です。それを補うのが精舎研修です。幸福の科学の数多い参考文献（仏法真理の書籍）の中から各テーマに合わせて適宜テキストを選び、公案内容を深く「思慧《しえ》」していきます。思慧とは仏教用語で、後天的に得た智慧のことを「三慧《さんえ》」といい、その三慧のうち、思索によって得られる智慧のことを指します。他のふたつは「聞慧《もんえ》」と「修慧《しゅえ》」で、前者は真理の知識を吸収すること、後者は修行によって得られる智慧です。そして「思慧」することで「思考力」を醸成するのです。

②神仏の目から見て何が正しいかどうかを深く思考する

三井物産を早期退職し、今ではすっかり商社マン体質は抜けたようです。商社マンは「一を聞いて十を知る」です。走りながら考えます。三井物産でも「社会に役立つ仕事をする」という社是があります。ただし営利企業なので当然利益優先。投資案件では、管理部門も含め様々な立場でチェックし熟考を重ねます。しかし、その「思考力」の基準は、いかにリスクを最小限にするかに留まります。私がいうところの「思考力」では、神仏の御心にかなうことがその価値基準です。法律違反ではないからいいではありません。それは最も厳しい価値基準となります。ＤＳの関与が確認されたり、利権構造の巣窟となっている地球温暖化対策や武漢ウィルスにおける一連の騒動は決して認められません。神仏の目から見れば大きな誤りです。彼らは、死後地獄へと墜ち、塗炭の苦しみを味わうことでしょう。

第4章

渋沢栄一の『論語と算盤』に学ぶ

「現代を生き抜く3本の矢力」

1 『論語と算盤』の神髄に学ぶ

《1》「知」の大切さ

渋沢栄一は、正義感が強く直情径行の性格でした。16歳の時、父の名代として呼ばれ、代官から「この度、姫君が輿入れすることになった。ついては500両を差し出すように」との命令を受けます。同席していた者たちは、ただひれ伏して従うばかりです。しかし、栄一は「私は父の代理で来ました。この場では返事ができかねます。帰宅してから父と相談し追って回答申し上げます」と答え、これに代官は激怒。そして「16歳なら分別のつく年頃であろう。即刻返事をせい！」と威圧してきました。彼は代官の横暴に腹を立て、こんな腐った幕府は倒さなければならないと決意します。その7年後（栄一23歳）に、倒幕ため尊皇攘夷を掲げ、高崎城乗っ取りを企てます。しかし、いとこの長七郎の猛反対でその企ては頓挫します。もしいとこの反対がなかったら、栄一は逮捕され死刑に処されていたことでしょう。

論語では「知」の大切さを説きます。当時の栄一には、まだこの「知」が不足していたようです。その後、一橋慶喜の側近、恩人でもある平岡円四郎に召し抱えられ幕臣となります。平岡は先進的な思想の持ち主で、幕府の改革に積極的でした。しかし、水戸藩士の反感を買い暗殺されてしまいます。ここでも「知」が不足しています。このふたつの事件で、栄一は「知」の大切さを切実に実感したはずです。栄一と性格的に近い私も正義感が強く、大学時代は日米安全保障条約反対でした。安保により日本は戦争に巻き込まれてしまうと思い込んでいました。今を思えばマスコミの報道に反戦思想をすり込まれていたのです。やがてこの過ちに気づき「知」を得ました。そしてその当時を若気の至りと大いに反省しています。

《2》「仁」を生涯貫いた渋沢栄一

①「仁」とは

渋沢栄一が一生涯貫いたのは「仁」です。論語で最も重要視されているのはこの「仁」です。日本語では「愛」です。孔子の掲げる「仁」とは次のように説かれています。曰く「仁者は与えられた天命を自覚し、一点の私心なく、自分の社会における役割分担を果たし、人としての道を実践していく」と。これが国の場合「よく天下国家を治め、広く人民を安心させる」ことが「仁」の極致と孔子は説いています。

②渋沢栄一の価値観 対 岩崎弥太郎の価値観

渋沢と対極をなすのが岩崎弥太郎でしょう。岩崎は渋沢とは考え方が根本的に異なり相容れず、犬猿の仲でした。岩崎は、土佐の地下浪人から這い上がり、明治政府の重鎮、大隈重信らに取り入り、御用商人として三菱財閥をつくり莫大な富を得ました。渋沢も500もの株式会社の設立・運営に関わり、本来なら巨万の富を得ていたはずですが、彼の考え方は、金は天下国家のために役に立ててこそ、というものでした。それを具現化したのが、板橋にある養育院（現在の東京都健康長寿医療センター）でした。

明治維新で最大の被害を受けたのが武士階級でした。多数の貧民が町中に溢れ治安が悪化しました。これに心を痛めた渋沢は、彼らのために養育院を政府に働きかけ創りました。これに猛反対したのが岩崎です。彼は貧民から這い上がってきた人間なので、貧乏から抜け出したかったら働けという心情だったのです。そのため、養育院に予算が付かなくなります。そこで、渋沢は、奉加帳をもって金持ちに寄付を募り、養育院の再建に当たります。

岩崎の自助努力には概ね賛成です。しかし、世の中には働きたくても働けない人、また、健康でも知力のない人がいます。彼らが働く仕組みと場所の提供が必要なのです。明治政府の基本方針、富国強兵・殖産興業において、この二人がその核であったことは間違いないでしょう。しかし、二人の違いについて改めて思いを巡らすと、それは「仁」による人間力の差ではないか、だからこそこの時代、渋沢が新1万円札に選ばれたのではないかと思えてくるのです。

《3》「勇」の人、渋沢栄一

明治維新の元勲、当時の最高実力者大久保利通から、富国強兵策強化のため、軍事予算を強化するよう指示が来ました。しかし、渋沢は、当時の日本の実力から見たら軍事費の膨張は、もうひとつの国策、殖産興業の視点から好ましくないと反対します。大久保は武士上がりなので、経済のことをよく知りません。結局、意見は対立したまま、1873（明治6）年に、当時の上司だった井上馨とともに大蔵省を辞任します。渋沢が33歳の時です。大蔵省には、実力者大隈重信の説得でその4年前に仕官したばかりでした。並の人間なら、大隈の顔も気にするし、大久保と正々堂々と意見を戦わすことなどできません。挙げ句の果てに辞任してしまうわけですから、その勇気は賞賛すべきです。

大蔵省を退官してからが渋沢の真骨頂、快進撃が始まります。退官後の翌々年の明治8年に日本初の銀行、第一国立銀行を創設しその頭取となります。国立とありますが純粋な民間企業です。ここでも大蔵省勤務が役に立っています。この銀行から、様々な企業に出資し、生涯500近い会社の設立・運営に携わりました。まさに、近代日本の資本主義の幕開けといえます。

2 「物まねの天才」だった渋沢栄一

《1》合本主義が近代日本の資本主義の礎を創った

渋沢栄一に、そして日本における近代資本主義に大きく影響を与えたのがパリ万国博でした。徳川慶喜は弟昭武を使節団の団長としてパリ万博に派遣しました。その時、渋沢は随行員として参加しています。渋沢にとって一番印象に残ったのは資本主義でした。それを日本社会にも導入しようとしました。

それは、マックス・ウェーバーの『プロテスタンティズムの倫理と資本主義の精神』に著されているように、プロテスタントの過激な革命精神に基礎をおくものでした。一方、渋沢は精神的主柱として論語を取り入れます。資本主義という苛烈な仕組みを、穏健な日本社会に浸透させるための知恵だったともいえます。それが後に有名な『論語と算盤』となります。

また、当時の日本では、金儲けは最下層の商人がやる卑しいものと軽蔑されていました。そこで渋沢は、金儲けは決して卑しくはなく、国民生活を豊かにし、国庫を富ませるものとその重要性を訴えます。これが明治政府の二大国策の一翼、殖産興業の礎となります。殖産興業がなければ富国強兵はあり得ないのです。渋沢はこれを合本主義と呼びました。しかし、残念なことに渋沢の精神は時代の経過とともに失われていきます。今の政財官の利権構造を見るとその惨状は目を覆いたくなります。現代社会は新たなものを創り出す能力に欠けています。

《2》我田引水で発想の転換「孔子は政治の王道を説いた」

①論語は商売を説いていない

論語は政治の王道を説きました。だから徳川幕府は、代々儒教を政治の規範としてきました。しかし、デメリットとしてお金を儲けることを卑しいことと見下し、商人は士農工商の最下層に位置していました。「武士は食わねど高楊枝」という言葉もそこからきています。

明治維新の時代、日本は世界有数の文明国でした。しかし、徳川２６０年の平和な時代が日本を平和ぼけにしてしまいました。当時は欧米の植民地主義全盛の時代です。欧米は、キリスト教を隠れ蓑に植民地主義を進めていました。このままでは欧米列強に侵略されてしまうと、時の明治政府は危機意識をもち、富国強兵というスローガンを掲げ軍事大国化を目指します。しかし、殖産興業については、スローガンを掲げただけに留まってしましました。

②頭の固い武士階級に精神革命を吹き込む

渋沢栄一は説きます。それは「元武士階級は、武士道という精神に裏打ちされ、考え方は立派だが、商売はからっきしだ。国を富ませるには、発想の転換をさせ、経済の重要性を認識させるべきだ」と。それまで卑しいとされていた商売に論語を取り入れ、元武士たちを感化していきました。彼らは論語が体に染み込んでいたので、あとは発想の転換で経済の重要性を理解すればよいのです。この精神革命により、武士階級から多数の経済人が輩出していきました。

三井物産初代社長の益田孝などその典型です。ちなみに一橋大学の前身である商法講習所草創期の所長矢野二郎は益田孝の親友で、益田は矢野の妹を妻としました。その関係で、一橋大学から多数の学生が三井物産に就職しました。渋沢も三井物産を支援しました。一橋大学は渋沢が創立者であり、三井物産の発展にも貢献しています。一橋大学を卒業して三井物産を選んだ私にとり、ここに縁を感じます。そして、私にとっての大恩人といえるでしょう。

渋沢は一方で、ただ儲けるだけではいけないし、商業道徳としての論語をしっかりと学ぶことが重要性であると、商人にも説いていきました。

《3》論語の考え方は男尊女卑

孔子の教えは2500年前のものです。国も違えば文化も違うので。それをそっくり日本に当てはめようとしても無理があります。

論語の考え方は男尊女卑です。渋沢栄一の明治時代も男尊女卑の時代で、女性には参政権も与えられていませんでした。そんな時代背景の中で、彼は女性の権利を主張しました。これも渋沢栄一流の我田引水的解釈です。彼の主張は、当時の女性にも大きな影響を与えました。彼は、創立者成瀬仁蔵を支えて、日本初の組織的な女子高等教育機関、日本女子大学校設立に携わったひとりであり、さらに最晩年に同大学の第三代校長を務めました。

また、米国に留学した津田梅子は、女子英学塾（津田塾大学の前身）を創立しました。津田塾大学は小平市にあります。渋沢が創立した私の母校、一橋大学の教養学部も私の学生時代には小平にありました。一橋小平キャンパスと津田塾大学とは歩いて15分。その小径を〝Lover's lane（恋人たちの小径）〟と呼んでいました。一橋大生は津田塾大生との出会いを期待し、なかにはそのまま結ばれた学生もいたようです。余談になりますが、新1万円札に渋沢栄一が選ばれましたが、新５千円札は津田梅子です。これも何かの縁なのでしょうか？

１９８７年6月23日に私はもしもしホットラインを設立しましたが、その前年に男女雇用機会均等法が施行されました。当時、三井物産では、女性は3年ほど補助職として勤め、その間に結婚相手を探し〝寿退職〟するのが一般的でした。毎年５月末になると、彼女らが嬉しそうな顔で退職の挨拶回りをしていたのが印象的でした。当時の女性にとって新しい姓に変わることは、幸福の象徴ともいえたでしょう。

そんな社会情勢の中で、私は同社の就業規則と賃金体系を作りました。同社の7割は女性社員です。だから女性の活用が最重要との認識でした。そこで男女同一待遇同一賃金を明確にうたいました。当然、女性役員も登用しました。また、役員は三井物産からの出向組だけでなく、プロパー社員も積極的に登用しました。そのコンセプトが現在のりらいあコミュニケーションズに受け継がれています。

《4》論語の教えは長幼の序

論語の教えは親孝行、それに長幼の序を重んじました。徳川時代、家康は家督相続は長子相続という不文律を作りました。そして、親孝行の大切さを説きました。親の言うことに従順な子が良い子とされました。平和な時代はこれで良かったと思います。しかし、幕末維新の大激動期では、欧米の植民地支配の荒波にのまれてしまいます。渋沢栄一は、長男でしたが家督を継がず、徳川慶喜の家来となりました。農家の長男が武士の家来になることなど考えられませんでした。しかし、このような時代には身分にとらわれず有望な人材が求められます。それを果敢に実行する慶喜の器量もありました。もし、渋沢が論語の教えを忠実に守っていたら、農家の長男として家督を継いだことでしょう。当然、渋沢による近代資本主義は誕生しませんでした。彼もまた、身分にとらわれず、広く有望な人材を募集しました。これも論語の教えの我田引水の典型でした。

Coffee Break

―　三井物産の人事制度を変えた！　―

もしもしホットラインを設立したとき、当然、出向するつもりでいました。当時の三井物産では、子会社に出向することは左遷と思われていました。周りからは「これで菅谷の出世は終わった」と揶揄されていました。しかし、私は「それならこの会社を成功させ、三井物産の人事制度を変えてやる」と意気込んでいました。同社は通信の自由化の波に乗り、業績は急拡大し、東証一部上場企業となりました。

現在の三井物産の人事制度は出向が当たり前、人事制度の中に出向が組み込まれる時代となりました。子会社の役員を経験することで、本人の実力アップに大きく貢献することが実証されたわけです。

《5》士魂商才

①士魂商才の誕生

菅原道真が「和魂漢才」という言葉を提唱しました。この「和魂漢才」とは、日本独自の精神と中国の学問を併せ持つという意味です。渋沢栄一は、ここから「士魂商才」という言葉をつくりました。武士の魂に商人の才能を取り入れるという意味です。彼はこういうパクりが得意でした。

近代資本主義の祖である彼は、次々と株式会社をつくっていきました。そこには人材が必要です。その人材に元武士を採用しようと考えました。しかし彼らは、金儲けは卑しい商人がやるものと思っていました。そこで「士魂商才」の出番です。欧米の侵略を防ぐには国防が大事。しかし、それにはお金が必要です。だからその両方が重要だと元武士に説きました。彼らには優秀な人材が多く、「士魂商才」の精神を理解して逸材を多く輩出し、近代資本主義の発展に貢献していきました。

②「活私豊幸」の誕生

私は30年前に「活私豊幸」という言葉を思いつきました。滅私奉公という言葉がありますが、これをヒントにしました。滅私奉公は、終身雇用制度の高度成長期には良かったと思います。定年まで会社のために働きます。人生80年時代ならそれでよかったと思います。しかし人生１００年時代では、定年退職後の後30～40年間生きていく必要があります。しかし、同じ会社で40年間働き続けると、それ以外の社会では通用しない価値観に染まってしまいます。

この「活私豊幸」は「自分を活かしながら、人生の途上で出会った人々をも、豊かに幸福にできる人間になる」という行動哲学です。それには社会情勢の大きな変化を認識し対応しながら、世のため人のための人生を送らねばなりません。この哲学を実践できたときに、人生１００年時代を快適に幸福に送ることができるのです。

《6》精神的遺産を残す

渋沢栄一の功績は、JR、みずほ銀行、日本郵船、東京海上日動火災保険、東京ガス他、現存する大企業の設立だけではありません。何より『論語と算盤』をベースにした精神的遺産を残したことにあります。もし利益追求だけの資本主義だったら、貧富の差が拡大し、日本は共産主義へと向かっていたかもしれません。利益追求という縦軸に、公益追求、国民の幸福という横軸を加えたことで、欧米と比べ貧富の差を小さくすることができたといえます。元日産自動車CEOゴーン氏の年収が、8億円という巨額であることに批判が集まりました。しかしながら、米企業のトップと平社員の給与格差の倍率が3桁台に対し、日本企業のそれは40~50倍程度。ここにも渋沢の精神が生きていると思われます。

また、渋沢は弱者救済の施設、養育院をつくりました。ここにも、弱者に救いの手を差し伸べる彼特有の精神が生きています。

さて、私自身も、もしもしホットラインに精神的遺産を残しました。同社が創業された折、私は「使命感と4つの誓い」を作成し、毎朝朝礼で全社員が唱和し、現在でも続いています。

★使命感

高度情報化社会に貢献し、会社の発展を通じ、従業員とその家族の幸福および株主の利益に寄与します。

解説：通信の自由化により会社は発展していく。しかし、会社は人でもっている。従業員とその家族の幸福、つまりES（従業員の満足）が最重要という理念。

★四つの誓い

一、私たちはお客様を大切にしお客様から信頼されるよう絶えず心掛けます

解説：会社の発展のために顧客を大切にすることが最重要。ここでいう顧客とは、もしもしホットラインの直接の顧客企業とそのエンドユーザーの両方を指します。

一、私たちは調和を尊び自由闊達な社風作りを目指します

解説：三井物産の社風は自由闊達です。しかし、これだけ強調すると従業員が勝手な動きをしてしまう。特にもしもしホットラインの場合、いろいろな会社の寄せ集めです。したがって、「調和を尊び」ということばを添えました。

一、私たちは絶えず挑戦と創造を目指します

解説：〝挑戦と創造〟は三井物産の社是社訓です。入社以来その精神で突き進んできました。もしもしホットラインの創業理念もまさにそれで、〝挑戦と創造〟を入れました。

一、私達は礼儀礼節を大切にし自主管理と基本動作の錬磨に努めることを誓います。

解説：自由闊達な精神は歓迎します。また、実力主義中心の同社では、年下の上司を持つことも頻繁に起こります。しかし、日本社会独特の長幼の序を重んじ、年配者にも配慮しないと調和が保てなくなります。また、同社の場合、能力差が顕著で、自主管理や基本動作が苦手な従業員も多数います。社内できちんと教育していくことの重要性を説いています。

私が設立記念日に書いたことは現在でも活かされています。なお、前社長が社名をりらいあコミュニケーションズに変えた際に、使命感を変えました。社員に聞くと、私も含めオリジナルの方がずっと良いとの評価です。

3　渋沢栄一の強運が日本を変えた！

渋沢栄一は、生涯で５００近い株式会社設立に関与しました。しかし、現存する会社は１８０社ほどです。言い換えると6割以上の会社はなくなっていることになります。明治維新の頃は、近代日本を創り上げて行く上で、大きな事業が山積していました。しかし、全てが順調にいくとは限りません。彼自身も多くの失敗を重ね様々な挫折と困難に直面したことでしょう。その苦い経験から学ぶことで、近代資本主義の父と称される人物へと成長を遂げたのです。晩年の渋沢は体全体からオーラがみなぎっています。彼の勇ましく力強い生き様は、後生の我々に多くの夢と希望、そして勇気を与えてくれます。私もチャレンジ精神旺盛で、失敗も多く経験してきました。度重なる挫折体験から多くを学び自己成長してきました。だから今日の自分があると自負しています。そして、さらに彼の変革精神を学ぶことで、生涯現役を全うし、残りの人生を生きていこうと思います。

おわりに

前作『あなたの仕事力・生産性10倍アップの極意』では、いかに多くのチャンスにチャレンジし、自己変革を図ることで自己成長し、そして実力アップを可能にするかを記しました。その実例として三井物産在職中に従事した新会社もしもしホットライン創業のエピソードがあります。ゼロからひとりで創業したその経験は、自身の実力をそれまでの10倍にアップさせました。しかし、その自信と自負で天狗となり、そこから人生の転落を味わうことになるのです。

折しも幸福の科学に出会い、本当の自分を知ることになります。その教えは精神的気づきの源泉となり、三井物産の早期退職を決意するに至るのです。

あれから25年。同社に在籍していた年数とほぼ同じになります。私を育ててくれた同社には心から感謝する一方、私の早期退職の決断は正しかったと後悔はありません。もし定年まで在籍していたら、私は心身ともに疲弊していたことと思います。

しかし退職したことで、本当の自分を知り、本当の自分に忠実に生きる人生を送っています。そして、未だ青年のような純粋な心を持ちながら、情熱を保つことができています。

かつての私の「思考力」の拠り所は、著名な経営コンサルタント大前研一氏でした。しかし、彼の「思考力」には「人間力」が不足していることを、本書執筆中に気づきました。他の文献も多数読みましたが「思考力」おけるその洞察は、今の私にとってどれも物足りない内容でした。

経済的豊かさにも目を向けています。現在、個人、中小企業向けの福利厚生のインフラを構築するＭＬＭに真剣に取り組んでいます。元商社マンだった私には不向きと思っていました。なぜなら商社マンの仕事は企業向け中心ですが、ＭＬＭはエンドユーザー向けのビジネス・モデルだからです。しかし、このＭＬＭに真剣に取り組むことで、第２の年金も確保でき、右肩上がりの継続的権利収入を得ることで経済的豊かさも実感しています。収入が右肩上がりで増えていくなか、私の「人間力」もアップし、自己成長していく喜びを感じています。そして、今後はさらに豊かになりながら、自分の夢である大エル・カンターレ仏の建立と、シニアとシングルマザー・ファーザー協生のシェアハウスである、ユートピア館の建設１万棟に向けて、残りの人生を全うしていきたいと考えています。

本書で取り上げた「現代の3本の矢力」である「思考力」「人間力」「健康力」について執筆しながら、大半の日本人は戦後四半世紀以上に及ぶ米国統治支配の犠牲者だったことに気づかされました（かつての私がそうであったように）。

即ち、戦後の〇×教育により「思考力」を失いました。戦前の神道を中心とした宗教教育の否定により日本人は精神的主柱を失いました。その結果、自分さえ良ければという無神論の個人主義が蔓延し「人間力」喪失の世の中となりました。

また、米国からパン食＋牛乳、さらには肉食を押しつけられてきた結果、生活習慣病が増加し、子供の発達障害やメンタル面にもおよび、いじめや不登校の原因のひとつとなっています。

21世紀は、日本人のルネッサンス、精神的復興の時代です。それが本書で説いた「現代の3本の矢力」でかなえられるのです。さもなければ、日本という国家さえ消滅するリスクも出てきました。これは決して大げさなことでも脅かしでもありません。お隣の香港では、自由と民主主義が剝奪されてしまいました。隣国中国の国家戦略では、建国100周年の2049年までに、日本を属国化することが明記されています。この国家戦略・超限戦に基づきあらゆる手段を行使して、目下日本を侵略中なのです。軍事的侵略や生物化学兵器以外に、国家諜報員、政財官界の大物に対する物量作戦とハニートラップ、土地の爆買い、サイバー攻撃等、実にすさまじいものがあります。この事実に早く気づいてほしいと思います。

「現代の3本の矢力」が、国家的危機を乗り切るための皆さんの一助となれば幸いです。属国となったら、現在のウイグルをはじめ、内モンゴル自治区、チベット自治区のように大量虐殺が日常的となります。そして、移植臓器の供給源にされます。

本書は「10倍アップの極意」シリーズ第6作目ですが、私の本音部分を余すことなく書き記したベストな仕上がりになったと自負しています。

「10倍アップの極意」シリーズは、当初6作目として『あなたの人間力10倍アップの極意』、次に『心身共にあなたの健康力10倍のアップ極意』という出版予定でした。しかし、ウィズ・コロナの大激変時代を乗り切るために、必要な命題は何かと考えたとき「人間力」をミックスした「思考力」の重要性、そして「健康力」を加え、この三命題を「現代の3本の矢力」として執筆することにしました。

本書で説いた三命題はこの3倍の内容になります。そこで、来年から2年間、本書の補完として8作（各70ページ程度）を、3カ月毎に電子出版する予定です。価格もワンコインの500円で、空いた時間の30分程度で気軽に読める内容を想定しています。本書の補完として、引き続き読んでいただき、私が築き上げてきた「人間力」「思考力」「健康力」である「現代の3本の矢力」の奥義が、皆さんの人生のお役に立てれば幸いです。

令和3年11月吉日

富、無限大コンサルタント
最勝の経営参謀役
菅谷信雄

著者 菅谷信雄 ―――――――――――――――― PROFILE

1949年、東京都出身。1972年、一橋大学商学部卒業。三井物産に25年間勤務。在職中に企業内起業家として東証一部上場企業をゼロから立ち上げ、その経験を活かし独立。世界最小の総合商社、有限会社マーキュリー物産（資本金1000万円）を経営する傍ら、退職後25年間で18社に数千万円 を投資。うち１社が上場。各種異業種交流会を主催、強力な人脈力を構築している。長年の経験と知識をもとに、2020年1月よりスーパージェネラリストとして「10倍アップの極意」シリーズを出版中。

・2002年　世界最小の総合商社（有）マーキュリー物産設立（資本金1000万円）
・三井物産退職後、23年間で18社に数千万円投資
　うち1社上場、現在数社が上場に向けて事業推進中

・2014年 5月 NPO生涯現役推進協会設立

・2015年 7月 一般社団法人空き家問題解決協会設立

〈出 版 実 績〉

・2002年 2月 初出版：『超失業時代を勝ち抜くための最強戦略』（明窓出版）
　紀伊国屋新宿本店ベストセラー書週間第５位

・2016年 2月 電子書籍『マンション管理、7つの失敗とその回避策』をAmazonから出版

・2019年 7月 『生涯現役社会が日本を救う！』（平成出版）を出版

・2020年 1月 『Bob Sugayaのあなたの英語力10倍アップの極意』（游学社）を出版

・2020年 4月 『あなたの人脈力10倍アップの極意』（游学社）を出版

・2020年 10月 『あなたのコミュニケーション力10倍アップの極意』（玄文社）を出版

・2020年 12月 『あなたの営業力、伝える力10倍アップの極意』（玄文社）出版

・2021年 4月 『あなたの仕事力・生産性10倍アップの極意』（玄文社）出版

参考文献

第1章　『仏陀の証明』（大川隆法著　幸福の科学出版）
『常勝思考』（大川隆法著　幸福の科学出版）
『幸福の法』（大川隆法著　幸福の科学出版）
『思考は現実化する』（ナポレオン・ヒル著　きこ書房）
『悪魔を出し抜け』（ナポレオン・ヒル著　きこ書房）
『人生が驚くほど逆転する思考法』（ノーマン・V・ピール著　三笠書房）
『「原因」と「結果」の法則』（ジェームズ・アレン著　サンマーク出版）
『「原因」と「結果」の法則②幸福への道』（ジェームズ・アレン著　サンマーク出版）
『人生に奇跡をもたらす７つの法則』（ディーパック・チョプラ著　PHP研究所）
『富と幸せを生む知恵』（渋沢栄一著　実業之日本社）
『お金・仕事に満足して人の信頼を得る法』（本多静六著　三笠書房）
『人生計画の立て方』（本多静六著　実業之日本社）
『７つの習慣』（スティーブン・R・コヴィー著　キングベアー出版）
『東條英機 歴史の証言』（渡部昇一著　祥伝社）
『東條英機 天皇を守り通した男』（福富健著　講談社）
『図解 世界「闇の支配者」』（ベンジャミン・フルフォード著　扶桑社）
『図解 世界「闇の支配者」とコロナ大戦争』（ベンジャミン・フルフォード著　宝島社）
『ザ・ロスチャイルド』（林千勝著　経営科学出版）
『ディープ・ステイトの真実』（西森マリー著　秀和システム）
『世界を破壊するものたちの正体』（馬渕睦夫、高山正之著　徳間書店）
『SDGsの正体』（村井哲之著　PHP研究所）
『本当はこわくない新型コロナウィルス』（井上正康著　方丈社）
『新型コロナ、本当のところどれだけ問題なのか』（木村盛世著　飛鳥新社）
『コロナ不況にどう立ち向かうか』（大川隆法著　幸福の科学出版）
『新型コロナワクチンの正体』（内海聡著　ユサブル）
『打つな！飲むな！死ぬゾ!!』（飛鳥昭雄著　ヒカルランド社）
『自由をいかに守るか』（渡部昇一著　PHP研究所）
第2章　『太陽の法』（大川隆法著　土屋書房）
『黄金の法』（大川隆法著　幸福の科学出版）
『永遠の法』（大川隆法著　幸福の科学出版）
『愛・無限』（大川隆法著　幸福の科学出版）
『仏陀再誕』（大川隆法著　幸福の科学出版）
『常勝思考』（大川隆法著　幸福の科学出版）
『中国と習近平に未来はあるか』（大川隆法著　幸福の科学出版）
『幸福への方法』（大川隆法著　幸福の科学出版）
『真説八正道』（大川隆法著　幸福の科学出版）
第3章　『生姜で体を温めれば、血液サラサラ病気も治る』（石原結實著　三笠書房）
『生活習慣病に克つ新常識』（小山内博著　新潮社）
『究極の真向法』（加茂真純著　祥伝社）
『医者に殺されない47の心得』（近藤誠著　アスコム）
『高血圧はほっとくのが一番』（松本光正著　講談社）
『理想国家の日本の条件』（大川隆法著　幸福の科学出版）
『光ある時を生きよ』（大川隆法著　幸福の科学出版）
『奇跡のハーブティー』（ジェイソン・ウィンターズ著　経済界）
『心を癒やす　ストレスフリーの幸福論』（大川隆法著　幸福の科学出版）
『フィット・フォー・ライフ』（ハーヴィー・ダイアモンド、マリリン・ダイアモンド著　グスコー出版）
『食べなきゃ、危険！』（小若順一、国光美佳、食品と暮らしの安全基金著　フォレスト）
『身体に必要なミネラルの基礎知識』（野口哲典著　SBクリエイティブ）
『完全なミネラルバランスこそ最強の治癒力！』（沼田 光生著　コスモトゥーワン）
『リンゴを皮ごと食べれば腸がきれいになる！』（田澤賢次著　実業之日本社）
『人生を変える夜ははちみつダイエット』（田井祐爾著　わかさ出版）
第4章　『富と幸せを生む知恵』（渋沢栄一著　実業之日本社）
『渋沢栄一の「論語講義」』（渋沢栄一著　平凡社）
『NHK 100分 de 名著　渋沢栄一「論語と算段」』（守屋淳著　NHK出版）

現代《げんだい》の3本《ぼん》の矢力《やぢから》　10倍《ばい》UP《あっぷ》の極意《ごくい》

2021年12月6日　初版第1刷発行

著　者　菅谷　信雄
発行人　後尾　和男
発行所　株式会社玄文社
【本　社】〒108-0074　東京都港区高輪4-8-11-306
【事業所】〒162-0811　東京都新宿区水道町2-15　新灯ビル
TEL　03-5206-4010　FAX　03-5206-4011
http://www.genbun-sha.co.jp
e-mail : genbun@netlaputa.ne.jp

装　丁　北澤眞人
印刷所　新灯印刷株式会社